MW01228306

Adoración y Música

Pacco Espinosa

Adoración y Música

El adorador no sólo canta: proclama.
El adorador no sólo se postra: se humilla.
El adorador no sólo se confiesa: se arrepiente.
El adorador no sólo levanta sus manos: las extiende al necesitado.
El adorador no sólo danza: corre a dar pan al hambriento. El adorador no sólo aplaude: bendice con sus dones. El adorador ama, perdona, sirve como Jesucristo. Anónimo

Adoración y Música.
© Pacco Espinosa
Correo Electrónico: fem2230@gmail.com
paccoespinosa.conferencista

D. R. © 2021, Registro 03- 2021- 091513341800-14

Diseño de Portada: Outcast Digital Media.
Diseño de Interiores: Via letras

Adoración & Música es una publicación de:
Vía Letras, Casa Cristiana de Publicación.
vialetras
ISBN: 978-1-952351-02-0

Impreso en Estados Unidos
Ninguna parte de este libro puede ser reproducida, traducida o apropiada de ninguna forma y por ningún medio (incluido electrónico, mecánicos otro, como ser fotocopia, grabación o cualquier sistema de almacenamiento o reproducción de información) sin el permiso por escrito del autor.

Adoración y Música

Índice

Pacco Espinosa

Adoración y Música

Pacco Espinosa

Agradecimientos

Cesar Pérez Orozco
Nereida Bray

Iván Giovani López

Agradecimiento Especial

Iván Giovani López Tineo.- ¿Y cómo principió todo esto para llegar al punto de que tú y la editorial "Vía Letras" se atreviera a publicar mi libro *Adoración y Música*.

Un mensaje, una llamada amena y honesta permitió que nos animáramos a la posibilidad de aprovechar esta oportunidad de hacer una nueva edición del libro. Estuviste dispuesto y desde ese momento no sólo las cosas quedaron en palabras, sino que invertiste en dos editores uno de estilo y otro para la revisión final.

Pasó literal un año para que el libro creciera y se atendiera de la manera que se necesitaba. Fuiste muy paciente y considerado en mis inquietudes y arrebatos, estoy satisfecho, conforme y agradecido contigo Iván.

.

Colaboración Especial

Hugo Navarrete.- Estoy convencido que tu colaboración en este manuscrito fue necesaria.

Soy lector asiduo desde mi adolescencia y fue después de mis cuarenta años que principié a soñar que un día, quizá escribiría un libro. Entre mis experiencias vividas por décadas en el terreno de la música y la adoración, aunado a los libros y un buen número de artículos leídos, finalmente, me atreví a plasmarlos.

Una de las mejores cosas que me pasó en la tarea placentera y ardua de escribir primero en hojas de papel, después en mi computadora, seguido de decenas de revisiones y de una primera edición e impresión del libro, y en esta nueva edición, la cual siempre creí que era urgente, fue que apareciste.

No me imagino cuantas horas de trabajo tuviste que invertir en la edición de estilo, la investigación para algunos capítulos, tus observaciones, comentarios tan puntuales y honestos, que le otorgaron a esta obra un toque particular. Estoy por demás agradecido y satisfecho.

Sólo me resta agradecerle a Dios y a tu persona por el trabajo realizado.

Noelia Juárez García.- En mi juventud comencé a poner atención a los créditos que vienen regularmente en los libros y es una costumbre que tengo hasta el día de hoy, pues siempre me preguntaba qué tanto hace la persona que se dedica a revisar a detalle todo el manuscrito, puesto que el escritor es el "mero mero".

Ahora comprendo el gran trabajo que realiza un Co-editor y su importancia.

Resulta que llego a Ciudad de México en julio 23 de 2020, para lanzarme de nuevo un clavado a la revisión de la segunda edición y te pedí que me "echaras la mano," según yo, con algunos detallitos para mandar el libro al editor de estilo, la gran sorpresa para mí fue descubrir que estaba frente a un talento increíble en cuanto a todo lo que implica lo gramatical.

Después de tus horas de trabajo como servidor público, tus atenciones a tu hijo Gibran y a mí, los quehaceres de atender la casa y la condición de enfermedad de tu papi. Actuaste como lo que eres, Wonder Woman. Sólo puedo estar eternamente agradecido, infinitamente bendecido.

Comentarios

Cuando pensamos en adoración, generalmente viene a nuestra mente la música, pero la realidad es que la música no tiene nada que ver con adoración. Mas si pudiéramos resumir qué es adoración en dos simples puntos, entonces pudiéramos decir que es la negación del yo y la sujeción del yo a una autoridad superior, por supuesto que este es un proceso que dura toda una vida. Con su libro Adoración y Música, Pacco Espinosa nos ayuda a entender diferentes conceptos que podemos aplicar a lo largo de nuestra jornada, es así que con mucho gusto les recomiendo la lectura de este libro, que sin duda alguna les ayudará a desarrollar un corazón de adorador.

Juan Salinas
Productor y compositor
--

Después de haber enriquecido por tantos años a la iglesia desde el "púlpito", con su música y su enseñanza, Pacco Espinosa ahora nos presenta una colección de experiencias y reflexiones derivadas de todos esos años de servicio, las cuales, a la luz de la eterna, veraz y poderosa palabra de Dios, nos confrontan con nuestra devoción hacia los subproductos de la adoración cristiana, y por ende, con nuestra superficialidad y desconocimiento.... del Dios de la Biblia. Como todo buen artista, Pacco Espinosa conduce su argumentación al estilo de una muy buena obra de arte, llevándonos de la mano a través de diferentes movimientos y pasajes casi musicales, hacia una hermosa exaltación de la persona y la obra de Jesucristo; y como los buenos compositores, Pacco conoce bien la fuente de la eterna inspiración y la sólida instrucción para tan sublime cometido:

"... la palabra de Dios que vive y permanece para siempre". (1 Pedro 1:23b).

Héctor Hermosillo
Cantante, músico y compositor

--

Tengo la dicha de conocer a Pacco Espinosa desde los años 90, un amigo y cantante que siempre se ha caracterizado por ser muy expresivo, alegre y genuino al comunicar sus experiencias, inquietudes o puntos de vista, y este libro es un reflejo de la pasión de su corazón: El amor por Jesucristo y fomentar la importancia de la adoración genuina a Dios.

A través de estas páginas Pacco nos brinda en un estilo ameno y sencillo, la valiosa combinación de testimonios, enseñanzas bíblicas, datos históricos, análisis actual y anécdotas, todo lo relacionado con la vida musical y la adoración a Jesús; dándonos las herramientas para una necesaria reflexión e introspección personal que nos ayude en este tiempo a conectar todo nuestro ser con el Creador, a través de la genuina y honesta adoración.

César Garza
Productor, compositor y cantante

--

En estos tiempos, hablar de música, alabanza y adoración podría ser un tema muy trillado entre los cristianos. Pero, en relación con dicho asunto, ¡Celebré tener en mis manos este libro escrito por mi amigo Pacco! También me regocijé leerlo; porque, de forma sencilla y amena, entrelaza conceptos que se convierten en sabiduría, cuando éstos son vertidos en alabanza personal a Jesucristo: como sucede al romper un alabastro, y se derrama su perfume o esencia en reconocimiento a nuestro Creador. Además, me hizo recordar que, adorar a Dios, se trata de amor.

Pacco entrega su corazón no sólo cuando alaba, sino aun cuando escribe. Esta obra es la prueba de ello. En sus páginas encontrarás verdades que reflejan el conocimiento y la experiencia que el autor ha vivido en esta carrera, en la cual yo también participo. ¿Y tú? ¡Sin lugar a dudas, somos deudores del gran amor de Dios! «...Al que está sentado en el trono, y al Cordero, sea la alabanza, la honra, la gloria y el poder, por los siglos de los siglos» (Apocalipsis 5:13).

Javier Dávila Romero
Pastor y cantante
--

Adoración y Música es un libro que está lleno de investigación y experiencias; no de palabras huecas y vacías, sino de ideas que confrontan y hacen pensar. Nos ubica en una perspectiva diferente, es decir, en un punto de vista contrario con respecto a los dogmas religiosos impuestos durante muchos años. Es un escrito que reta a reflexionar de otra manera, a ser honesto con uno mismo, a romper esquemas, a cambiar paradigmas; está lleno de definiciones y, por tanto, un libro de consulta y análisis; ya que, a través de sus páginas, nos ayudará a obtener nuestras propias conclusiones.

Sin duda, escucharás la voz de un hombre que desde su niñez, ama profundamente a Dios, y no sólo busca agradarlo; también nos invita a que nosotros lo hagamos con mayor intensidad y entendimiento. A partir de esta lectura, yo me quedo con varias ideas agradables: una comprensión clara del porqué debo adorar a Dios; Él me ama por lo que soy, y he sido diseñado para manifestarlo; yo mismo soy adoración, una ofrenda de agradecimiento, sumisión y obediencia.

Gerry Nájera
Diseñador Publicitario, líder juvenil

Dedicatoria

A mis hijos, Caleb y Zabdi, a quienes amo como a ningún ser he amado en la vida aparte de mis padres. Con ellos he ido aprendiendo a ser mejor padre y persona. Ellos son mi pasado, presente y futuro.

Caleb a tus ya 28 años cumplidos verte ejerciendo como Ingeniero Mecatrónico me llena de orgullo. Mi primogénito, te has convertido en un hombre de bien y has tomado la mayoría de tus decisiones sin consultarme, asunto del que estoy más que orgulloso.

Zabdi, a tus escasos 18 años ya en tu segundo semestre de Ingeniería en Sistemas, has demostrado que todo es posible. Después de años de incertidumbre en algunas áreas de tu vida has crecido increíblemente. Mi príncipe de paz, eres como tu nombre significa: una bendición y regalo de Dios. Nunca lo olvides: Dios, tu hermano y yo siempre estaremos de tu lado.

Doy gracias a Dios por sus vidas. Soy un privilegiado de tenerlos y sé que heredaron de sus abuelos y padres, talentos y dones que bendecirán a muchos.

Mi amor eterno es para ustedes.

Pacco Espinosa

Reconocimientos

A Dios, por el talento y don otorgados.

A mi padre, Francisco Espinosa Jiménez, por su apoyo constante en los menesteres propios del cantar; también por sus múltiples oraciones y ejemplo de vida, que me impulsaron a convertirme en un verdadero adorador.

A mi madre, María Célida Miranda Guerrero, quien me heredó su timbre de voz y su sonrisa.

Alejandro, Blanca Carrasco, y Alma Barbudo, por creer en mí, siendo los primeros que decidieron invertir incondicionalmente en mi primera producción musical, en aquellos años ochenta.

A mi cuñado, Isaac Othón, por impulsarme en todo lo relacionado con el canto, durante mi niñez y adolescencia.

A la hermana Panchita Rivera, misionera en las prisiones durante muchos años, por su ejemplo de vida en cuanto al servicio cristiano.

Al maestro Bustamante, que entre decenas de estudiantes me dio prioridad. ¡Cuánto le debo sobre la disciplina y los buenos hábitos del arte de cantar!

Pacco Espinosa

Prólogo

Mi amigo Pacco Espinosa es de temperamento apasionado; y en su escrito lo deja más que claro. Para los que por décadas hemos seguido su trayectoria como ministro de alabanza, le admiramos por su forma clara y tajante de hablar; lo cual lo ha llevado lejos, pero también lo ha metido en una que otra situación incómoda de la vida. Además de todo lo anterior, desde su juventud y adolescencia ha sido un aficionado de la buena lectura. Es por eso que, cuando supe que escribía este libro, me emocioné; y estoy seguro de la autenticidad y el corazón con que lo escribió.

¿Por qué otro libro de adoración? Pues que se escriban más, miles. Ésa es la vida de la Iglesia, el más grande propósito de la existencia humana. Reconocemos en este escrito un enfoque fresco del tema, que debería ser nuestra misión: producir debates, foros y conferencias permanentes de cómo podemos mejorar, y hacer más excelente nuestra adoración a Dios.

El hombre no fue diseñado para recibir adoración; eso lo deja vacío y seco. Por eso no es extraño ver, entre los seres más celebrados e idolatrados de la sociedad moderna, que ellos terminen en drogas, perdición y suicidio. Pero cuando el ser humano adora a Dios, se expande, se llena de lo que adora, y la gratitud se vuelve su lenguaje. Por esas sendas de reflexión nos llevará el autor en estas líneas; y estoy convencido que, a usted, estimado lector, también lo harán pensar.

No estamos obligados a coincidir con Pacco en todos sus planteamientos, pero sí debemos celebrar su valor y

Pacco Espinosa

su forma sencilla de expresarlos, como también aplaudir que se haya atrevido a comunicárnoslo. Además, así como yo, disfrutarás de las historias de vida, análisis de personajes y textos clásicos, durante la lectura del libro ADORACIÓN Y MÚSICA. Una variada ensalada de sabores, la cual servirá para que usted sea también un investigador del tema. Bon appétit.

Dr. Vladimir Rivas Iglesia Compas

¡La ofrenda genuina somos nosotros mismos! Una declaración poderosa que abre este libro e inmediatamente posiciona al lector en el surco narrativo hacia donde el escritor quiere conducirlo.

Tomando las definiciones de sus autores favoritos ahonda en sus conceptos y vierte su experiencia como adorador, de una manera sencilla y profunda; logrando que el lector sea inspirado a ser un adorador genuino que descubra la belleza, la santidad y el amor en su máxima expresión al adorar a su Dios.

Cuando leí que adorar es la respuesta de amor del hombre redimido en reciprocidad al amor de Dios no pude seguir leyendo; deje la lectura para adorar a este Dios maravilloso a quien amo profundamente. ¡Gracias Pacco!

Amor-adoración es un concepto puro que descubrirás a lo lago de la lectura.

Este es un libro lleno de conceptos frescos en cada página y matizado por las vivencias del autor.

A medida que avanzas sentirás ese clamor de los viejos escritores, adelantados a su tiempo, profetas de un tiempo que carecía de adoradores genuinos. Profetas

24

que entendían la adoración como la "ofrenda genuina y sagrada de nosotros mismos." El autor rescata y pelea la batalla por hacer realidad esa visión: "una ofrenda de amor seré para ti."

La música, es un concepto tratado de manera fundamentada en la Escritura de forma amena y profunda.

Además de ello, te darás cuenta de que la melodía, letra, armonía, ritmo de una canción, penetran en el interior del alma. Conectan emocionalmente al ser humano. Muchas experiencias no entendidas tendrán respuesta con la lectura de este libro sorprendente, sobre música y adoración.

Es admirable la manera teológica en que se va tejiendo el argumento de la adoración a través de la obra de Cristo y el hecho de que la adoración debe estar centrada en el Señor. Hay una dignidad en el Creador para ser adorado por toda su creación. Y en el caso del creyente, el fundamento único y válido es el amor a Dios.

En este volumen que tienes en tus manos hay un hermoso aprendizaje esperando ser vertido en ti.

Este libro, no escrito por un teólogo, sino por un adorador, estoy seguro que viene a enriquecer la vida de los hijos de Dios. Cambiará tu forma de ver la adoración y te llevará al siguiente nivel.

Tuve el placer de tener el manuscrito previo y deleitarme en su lectura. Puedo decirte con seguridad: "¡te va a gustar este libro!"

Con afecto. Magdiel Canto Pastor

Pacco Espinosa

Prefacio

No recuerdo exactamente cuándo inició mi gusto, placer y deleite por el canto y la música. Quizá fueron las melodías de mi madre durante la gestación de mi vida en su vientre, lo que musicalizó mi alma. Tal vez fue mi padre, al escucharlo entonar las alabanzas que habían grabado los hermanos Alvarado, quienes eran de sus cantantes cristianos preferidos, inclusive, tengo presente que mi padre escuchaba regularmente el canto "mi madre oraba por mi" de este dueto.

Desde muy pequeño para mí, cantar y respirar eran igual de importantes. Era tan sólo un niño cuando empecé a memorizar himnos y cánticos, los cuales cantaba a dueto con mi hermano Luis Enrique en la iglesia local. Pertenecí a un coro de niños. Entrado en mis 15 años al desintegrarse este coro, formamos un grupo musical: David Moreno, Miguel Campa, Daniel Reyes, Julio Terán, mi hermano Luis Enrique y su servidor, grabamos en la Ciudad de Phoenix, apoyados por el pastor y evangelista Pablo Contreras, en una producción titulada "Nueva vida con Dios", con la cual recorrimos varios estados de la Unión Americana y República Mexicana.

Andaba por los 23 años, cuando después de terminar mi carrera en contabilidad técnica y trabajar en un despacho alrededor de año y medio, debo confesar que en este mismo tiempo mi gran anhelo era experimentar la dicha y el placer de dedicarme a cantar y grabar algunas producciones. ¿Que si fue fácil al principio?, definitivamente no. Era sólo un joven inquieto y soñador de una pequeña ciudad de provincia. Tuve la oportunidad de realizar algunas producciones musicales, viajé por gran parte de la República Mexicana, sur de Estados Unidos, El Salvador, Guatemala y Costa Rica.

Desde mi adolescencia me propuse tomar clases con varios maestros, uno de ellos, el maestro Bustamante; lo poco o mucho que conozco sobre técnicas de canto y vocalización, se lo debo a él. Fue en mi temprana juventud que me inicié en la lectura de todo lo referente a la adoración y la música. En todos estos años que, por cierto, ya son algunas décadas, he sido un observador y analista, un discípulo que aprende y participa, que comparte, enseña y motiva a otros en cuanto a la adoración y la música. En las páginas de este libro me di a la tarea de exponer mis experiencias y las vivencias con amigos y colegas que, como yo, siguen inquietos en este ministerio.

Debo reconocer que en todos estos años en los cuales me dediqué al arte maravilloso del cantar cánticos con mensaje cristiano, en mí corazón latía aún más fuerte, la necesidad de enfocarme en liderazgo juvenil y la obra social en mi ciudad, Hermosillo, Sonora.

A finales de los ochenta, coincidí en un congreso, en la Ciudad de Pachuca, Hidalgo y en Mazatlán, Sinaloa unos meses después con un personaje que era considerado toda una celebridad, quien con todas sus buenas intenciones me invitó el verano de 1993, a la Ciudad de Durango para apoyarme completamente. Un año antes ya había participado con él en una gira por varios estados de la República Mexicana, acompañado por sus músicos, algo que siempre le agradeceré. A pesar de esta excelente oportunidad de seguir creciendo en el área del canto, decidí regresar a mi ciudad.

En mi muy personal punto de vista y hablando particularmente de mi país México en lo relacionado con la música y la adoración, en las llamadas iglesias protestantes históricas que llegaron a nuestro país hace más de siglo y medio; y las nacientes en los últimos ochenta años, incluyendo el sin fin de grupos independientes, que es vastísimo, creo que el crecimiento, desarrollo y entendimiento, apoyo e inversión en estas áreas que toman gran parte del culto cristiano ha sido muy poco, por supuesto que estoy generalizando. Después de no viajar regularmente por casi quince años y retomar en 2012 el hacerlo de nuevo es que veo esta realidad.

Los puntos de vista, que en todo este recorrido de mi vida me han llevado a estas conclusiones, son los que creo y practico. Las Escrituras fundamentan para mí, lo que la adoración es. Por supuesto, soy respetuoso, tolerante de otras opiniones y formas de ver los asuntos de la adoración y la música.

Pacco Espinosa
"Que todo lo que respire alabe al Señor"

Pacco Espinosa

Introducción

Después de analizar un poco la historia antes, durante y después de la reforma, encontré datos muy interesantes sobre la adoración y la música en las iglesias cristianas evangélicas. En lo personal admiro, respeto y disfruto mucho la buena música. No importa el estilo o género, aunque prefiero la balada, la trova, el rock de los años 70 y 80. De lo clásico, Beethoven es mi favorito. Un buen tenor, ya sea cantando a capela o acompañado de instrumentos, es de lo más placentero para mis oídos. Andrea Bocelli –cantante italiano–, a quien escucho regularmente, tiene una voz privilegiada que me deleito en oír. De las intérpretes mujeres jóvenes, la inglesa Adele me parece, por demás, extraordinaria; su timbre de voz e interpretación alegran increíblemente mis sentidos.

En el terreno de la música con mensaje cristiano, desde mi infancia fui influenciado por algunos cantantes y músicos que, en aquella época, me parecían de lo mejor. Manuel Bonilla fue el consentido de nuestra casa por algunos años. Mi padre compraba hermosos acetatos de vinilo color negro, los cuales me fascinaba tomarlos en mis manos, y colocarlos dentro de una inmensa consola, tipo cajón de muerto, a la cual muchos rendimos pleitesía al sentarnos a escuchar nuestra música favorita en nuestras salas. Ya en mi juventud temprana, La Generación de Jesús, La Tierra Prometida, Los Latinos, entre otra media docena de grupos empezaron a endulzar mi sentido auditivo de una manera excelsa. A todos esos cantantes y grupos musicales, se me hizo adicción oírlos. Fueron decenas de elepés que se volvieron una colección inmensa en la casa de los Espinosa, de la que cada uno de los siete hermanos tenía sus preferencias.

Mire usted querido lector, hasta dónde hemos llegado. La modernidad, en cuanto a las plataformas digitales y las distintas formas de descargar música, nos sorprendió en pocos años. En estos tiempos podemos grabar cientos de canciones en los usb, y escucharlas en los carros sin necesidad de sintonizar la radio con sus molestos comerciales. Conectar nuestro celular por Bluetooth y saltar de un cantante a otro y escuchar lo que mejor nos apetezca. En YouTube ¡literal!, podemos oír toda clase de melodías e intérpretes. En las redes sociales existe un sinfín de canales, a los que podemos acceder de una manera muy simple, y escuchar lo que queramos ¡Eso sí que es fabuloso! La música en los teléfonos celulares inteligentes es lo de hoy. Spotify es la plataforma para reproducir la música que escucho en mi celular. En mi juventud fue fascinante el uso de los Walkman. Traer música en esos pequeños aparatos, no muy prácticos como los actuales, pero que podíamos llevar a dondequiera que íbamos, ¡fue espectacular! Comparado con las consolas de entonces, ese aparatito era una maravilla.

Regresando a mis inquietudes tempranas en el canto y la música, aunque no recuerdo específicamente detalles de esos años, pero literalmente llegó un punto entre nuestra niñez y adolescencia, incluso gran parte de nuestra juventud, que participar en la iglesia los domingos, para mi hermano Luis Enrique y para mí, se convirtió en una tradición. Entonar cantos especiales, dirigir himnos, cánticos cortos y, para lo que éramos requeridos, los Espinosa siempre estábamos más puestos que un calcetín. Cantábamos antes de la predicación, en eventos especiales, aniversarios, congresos, semanas juveniles, campamentos, graduaciones del instituto y seminario Berea. ¡Fueron años hermosos y de aprendizaje! por un tiempo fuimos, como dice el dicho mexicano, "ajonjolí de todos los moles".

Entre la niñez y la adolescencia pertenecí a un coro infantil que fue nombrado "Los Paladines de Sion" por el cantante Manuel Bonilla, que en los años 70 nos hizo una producción. Con dicho coro viajamos de continuo a las iglesias locales de Hermosillo, y a convenciones de la denominación. Hicimos giras extensas por varios estados al sur de Estados Unidos: Arizona, California, Texas; y otros estados como Alabama, Georgia, Carolina del Norte.

Todo ese tiempo de viajes y experiencias diversas, empujaron mi corazón para dedicarme a cantar como vocación y oficio. Por un buen tiempo creí que todo había sido parte de un llamado divino. Pero ahora comprendo que mi vocación y verdadero llamado no sólo se limita a eso, sino que siempre ha sido servir a los más necesitados, trabajar con adolescentes y jóvenes, labor a la que me he dedicado por más de treinta años.

A mediados de los años ochenta inició el movimiento de alabanza y adoración, lo cual fue un parteaguas de alguna manera en mi vida. Los nuevos cánticos, que empezamos a escuchar y entonar, fueron un refrigerio para gran parte de esa generación. El congreso Visión Juvenil 1986, organizado por Vino Nuevo en Ciudad Juárez, Chihuahua, México, para mí fue un nuevo horizonte por descubrir en la adoración y la música. En ese tiempo yo había hecho mi primera producción musical titulada Alaba a Dios. Un año después, jóvenes de las iglesias de Hermosillo fueron al Congreso Visión Juvenil 1987. Regresaron impactados por el testimonio y la ministración musical de un personaje que, en lo personal, en ese tiempo yo no conocía. Se trataba de un "gringo" que decía ser más mexicano que los frijoles. Su nombre es Marcos Witt, una persona que desde entonces, forjó una nueva etapa en la música con mensaje cristiano.

A mediados de los ochenta y principios de los noventa, al igual que Marcos Witt, existieron varios cantantes y grupos musicales; los cuales fueron de mucha influencia a esa generación de jóvenes: Miguel Casina, Danilo Montero, Juan Carlos Alvarado, Marcos Vidal, Marco Barrientos, Palabra en Acción, entre otros. También surgió Torre Fuerte, integrado por Héctor y Heriberto Hermosillo y Álvaro López, un grupo musical de lo más excelente y con un estilo muy diferente, que fue del gusto de otro tipo de oyentes. El dueto Alas de Águila, formado por César Garza y Elvira Garza, de la Ciudad de Monterrey, fue del agrado de adolescentes y jóvenes; no de menor importancia; dentro de este tipo de música, se encontraba el grupo Rojo, de la Ciudad de Hermosillo, Sonora, y sus integrantes Osvaldo Burruel, Rubén González, Emmanuel y Linda Espinosa impactaron, no sólo a nuestro país México, sino a gran parte de Centro y Sudamérica. No podemos dejar de mencionar, como parte de la misma historia, a Jesús Adrián Romero a finales de los noventa y principios del 2000.

Crecí con estos antecedentes, con la motivación que me inspiró mi padre y en un ambiente de iglesia pentecostal, donde la música era parte importante de la liturgia.

¡Cómo no ser parte de todo lo que me ha tocado experimentar!.

Adoración y Música

1
Adoración

1

Adoración

En mis apuntes tengo una colección vasta, de lo que para muchos escritores, pastores, ministros de música y canto, significa la adoración. Algunas definiciones me parecen bellas, reflexivas y sublimes. En las Escrituras los actos de adoración están registrados como una constante en el período de los patriarcas, jueces y reyes de Israel. Los altares, las ofrendas y los sacrificios fueron una expresión de adoración durante miles de años entre los israelitas. Uno de mis eventos favoritos del Antiguo Testamento, es cuando el profeta Elías construyó un altar frente a los profetas de Baal, registrado en el primer libro de los Reyes. Un evento que fue atestiguado por cientos de personas.

«Entonces Acab convocó a todos los israelitas y a los profetas al monte Carmelo. Elías se paró frente a ellos y dijo: «¿Hasta cuándo seguirán indecisos, titubeando entre dos opiniones? Si el Señor es Dios, ¡síganlo! Pero si Baal es el verdadero Dios, ¡entonces síganlo a él!». Sin embargo, la gente se mantenía en absoluto silencio.

Entonces Elías les dijo: «Yo soy el único profeta del Señor que queda, pero Baal tiene cuatrocientos cincuenta profetas. Ahora traigan dos toros. Los profetas de Baal pueden escoger el toro que quieran; que luego lo corten en pedazos y lo pongan sobre la leña de su altar, pero sin prenderle fuego. Yo prepararé el otro toro y lo pondré sobre la leña del altar, y tampoco le prenderé fuego. Después, invoquen ustedes el nombre de su dios, y yo invocaré el nombre del Señor. El dios que responda enviando fuego sobre la madera, ¡ese es el Dios verdadero!»; y toda la gente estuvo de acuerdo.

Así que Elías dijo a los profetas de Baal: «Empiecen ustedes, porque son muchos. Escojan uno de los toros, prepárenlo e invoquen el nombre de su dios; pero no le prendan fuego a la leña».

Entonces ellos prepararon uno de los toros y lo pusieron sobre el altar. Después invocaron el nombre de Baal desde la mañana hasta el mediodía, gritando: «¡Oh Baal, respóndenos!»; pero no hubo respuesta alguna. Entonces se pusieron a bailar, cojeando alrededor del altar que habían hecho.

Cerca del mediodía, Elías comenzó a burlarse de ellos. «Tendrán que gritar más fuerte —se mofaba —, ¡sin duda que es un dios! ¡Tal vez esté soñando despierto o quizá esté haciendo sus necesidades!* ¡Seguramente salió de viaje o se quedó dormido y necesita que alguien lo despierte!».

Así que ellos gritaron más fuerte y, como acostumbraban hacer, se cortaron con cuchillos y espadas hasta quedar bañados en sangre. Gritaron disparates toda la tarde hasta la hora del sacrificio vespertino, pero aún no había respuesta, ni siquiera se oía un solo sonido.

Entonces Elías llamó a la gente: «¡Vengan acá!». Así que todos se juntaron a su alrededor, mientras él reparaba el altar del Señor que estaba derrumbado. Tomó doce piedras, una para representar a cada tribu de Israel* y usó las piedras para reconstruir el altar en el nombre del Señor. Luego cavó una zanja alrededor del altar con capacidad suficiente para doce litros de agua.* Apiló la leña sobre el altar, cortó el toro en pedazos y puso los pedazos sobre la madera. Luego dijo: «Llenen cuatro jarras grandes con agua y echen el agua sobre la ofrenda y la leña». Una vez que lo hicieron, les dijo: «¡Háganlo de nuevo!». Cuando terminaron, les dijo: «¡Háganlo por tercera vez!». Así que hicieron lo que les dijo, y el agua corría alrededor del altar, tanto que hasta colmó la zanja. A la hora que suele hacerse el sacrificio vespertino, el profeta Elías caminó hacia el altar y oró:

«Oh Señor, Dios de Abraham, de Isaac y de Jacob, demuestra hoy que tú eres Dios en Israel y que yo soy tu siervo; demuestra que yo he hecho todo esto por orden tuya.

¡Oh Señor, respóndeme! Respóndeme para que este pueblo sepa que tú, oh Señor, eres Dios y que tú los has hecho volver a ti».

Al instante, el fuego del Señor cayó desde el cielo y consumió el toro, la leña, las piedras y el polvo. ¡Hasta lamió toda el agua de la zanja! Cuando la gente vio esto, todos cayeron rostro en tierra y exclamaron: «¡El Señor, él es Dios! ¡Sí, el Señor es Dios!».

Entonces Elías ordenó: «Atrapen a todos los profetas de Baal. ¡No dejen que escape ninguno!». Entonces los agarraron a todos, y Elías los llevó al valle de Cisón y allí los mató» (1 de Reyes 18:20-40).

Leer estos párrafos que describen este magno evento, en el cual, el profeta Elías, nos enseña en este sacrificio, que el mayor acto de adoración, es reconocer el poder de Dios en medio de la idolatría e impiedad, postrarnos y servirle. Hoy no es un altar físico, nuestra vida misma, debe ser un sacrificio constante.

La primera mención, de ofrendas ofrecidas a Dios, la encontramos en el libro de Génesis ¿Cómo olvidar aquel primer acto de adoración registrado en la Biblia, que terminó en tragedia?

Adán y Eva procrearon dos hijos, Caín y Abel. Éstos últimos eran tan diferentes el uno del otro; tal como son en temperamento y carácter los integrantes de cualquier familia.

«Cuando crecieron, Abel se hizo pastor de ovejas, mientras que Caín se dedicó a cultivar la tierra. Al llegar el tiempo de la cosecha, Caín presentó algunos de los cultivos como ofrenda para el Señor. Abel también presentó una ofrenda, lo mejor de las primeras crías de los corderos de su rebaño. El Señor aceptó a Abel y su ofrenda, pero no aceptó a Caín ni a su ofrenda. Esto hizo que Caín se enojara mucho, y se veía decaído. ¿Por qué estás enojado? Le preguntó el Señor a Caín. ¿Por qué te ves decaído? Serás aceptado si haces lo correcto, pero si te niegas a hacer lo correcto, entonces ¡ten cuidado! El pecado está a la puerta, al acecho y ansioso por controlarte: pero tú debes dominarlo y ser su amo» (Génesis 4:2-7).

He leído varias interpretaciones de este pasaje; pero lo que para mí salta a la vista, es que Dios miró primero la actitud del adorador y después vio la ofrenda: "El Señor aceptó a Abel y su ofrenda, pero no aceptó a Caín ni a su ofrenda". El pasaje hace resaltar la calidad de la ofrenda: "Caín presentó algunos de los cultivos como ofrenda para el Señor. Abel también presentó una ofrenda, lo mejor de las primeras crías de los corderos de su rebaño". Dios conoce perfectamente nuestro corazón y las intenciones del mismo. Él sabe cuándo le ofrecemos en el altar de nuestro corazón las migajas, y cuando le ofrendamos lo mejor de lo primero, tanto de lo que somos, como de lo que poseemos.

Dios conoce lo profundo de nuestro ser, y es imposible ocultarle el más mínimo pensamiento o sentimiento de nuestro interior. Que interesante las palabras que Dios le dice a Caín: «¿Por qué estás enojado? Preguntó el Señor a Caín. ¿Por qué te ves decaído? Serás aceptado si haces lo correcto, pero si te niegas a hacer lo correcto, entonces, ¡ten cuidado! El pecado está a la puerta, al acecho y ansioso por controlarte; pero tú debes dominarlo y ser su amo» (Génesis 4:6-7). Cuánto que reflexionar de estos versículos. Dios se lo propuso a

Caín pero fue necio, soberbio y rebelde. La misma demanda es para nosotros en este tiempo ¡La adoración genuina, es olor grato para nuestro Dios, y de nosotros depende, si nuestra prioridad será amarlo y honrarlo, antes que a nadie! No creo que Dios espere o busque perfección en el hombre o mujer, pero sí que seamos, olor grato.

Un canto dice:
Aquí estoy, te ofrezco todo lo que soy.
Aquí estoy, un sacrificio quiero ser.
Toma mi ser, mi vida entrego a ti.
Porque tú eres mi Dios,
eres digno de adoración.
Una ofrenda de amor seré para ti.

Cantar este coro es agradable, emotivo y enternecedor. Lo canté por los años noventa, y también tuve la oportunidad de dirigirlo. Me tocó ver gente extasiada junto conmigo al expresárselo al Señor. Aún sigue siendo inspirador y uno de mis cantos favoritos que todavía disfruto.

Dios pesa nuestros corazones en balanza justa y como en el caso de Abel y Caín, conoce la calidad de nuestra ofrenda.

Como ya lo dije líneas arriba, lo que Dios busca, no es perfección, ni santidad en el sentido farisaico, sino que nos acerquemos confiada, piadosamente, con humildad y reconocimiento de quién es él.

Entraré un poco en los detalles de lo que significa adoración para varios de mis escritores de cabecera, para ello seleccioné algunas de sus afirmaciones en este capítulo, las cuales, en lo personal, me parecen extraordinarias. Tal vez te sean conocidas, o te identifiques con más de una de ellas.

Richard Foster, en su libro Alabanza a la disciplina, citando a William Temple, dice: "Adorar es avivar la conciencia mediante la santidad de Dios, alimentar la mente con la verdad de Dios, purgar la imaginación con la belleza de Dios, abrir el corazón al amor de Dios, dedicar la voluntad al propósito de Dios".

Para mí, lo dicho por este autor, es la definición por excelencia. Vale la pena hacer un pequeño comentario de ella: La santidad de Dios es algo que nuestro espíritu percibe de inmediato cuando lo adoramos. En Apocalipsis 4:8 dice: «...Santo, santo, santo es el Señor Dios, el Todopoderoso, el que siempre fue, que es, y que aún está por venir». Él es la verdad, y esa verdad alimenta, libera y nos permite vivir en plenitud de vida. El alma descubre la belleza y la bondad de Dios al adorarle. Es lo que emana de Dios, su esencia, lo que nos lleva a extasiarnos en él. Como seres creados y redimidos tenemos una conciencia clara de los atributos de Dios. Una de sus cualidades es el amor, y lo ha manifestado a la raza humana. Es nuestro corazón enamorado de Dios lo que nos incita a expresarle nuestro amor de manera recíproca.

Como consecuencia nos movemos y vivimos una vida con propósito, rendidos a su voluntad agradable y perfecta.

Hace más de dos décadas recibí en mis manos el libro titulado: ¿Qué le ha Sucedido a la Adoración? En mis visitas regulares a casa de la familia Ojeda, y en mis largas charlas con Betty, amiga y lectora como su servidor, me dijo: te va a gustar este libro, llévatelo. Y así fue. Cuando lo tomé en mis manos y leí su título, por un instante pensé: bueno, creo que en estos tiempos – principio de los años noventa–, lo que le ha sucedido a la adoración es que está en un proceso de renovación. En esos días, la inercia era la restauración de la adoración. Mientras investigaba para documentarme, en el asunto de la adoración y la música, saqué aquel libro de mi biblioteca.

Entre las más de tres docenas de volúmenes que he tenido la oportunidad de leer acerca de adoración y música, tomé algunos datos de la obra del escritor, pastor y maestro de la Palabra, A.W. Tozer, y sentí la necesidad e importancia de volverlo a leer por completo, pues en mi opinión sigo considerando que es un referente sobre la adoración, definitivamente un teólogo muy acertado. Él dice: "Estamos carentes de la ofrenda genuina y sagrada de nosotros mismos y de nuestra adoración al Dios y padre de nuestro Señor Jesucristo".

También desarrolla una referencia amplia a la pregunta que se hace en su libro. Reflexiona entre, otras cosas, en la adoración que defienden las iglesias llamadas tradicionales o históricas, y la forma de adoración de las iglesias pentecostales. Cada una, dice él, cree tener la exclusividad de lo que la adoración es, y la forma correcta de hacerlo. Su conclusión es que, realmente, no estamos siendo genuinos en nuestra forma de adoración diaria y personal con Dios. En otro de los mensajes, recopilado y editado en su libro, leemos: "La verdadera adoración a Dios tiene que ser una actitud, un estado mental constante dentro del creyente. Debe provenir de una actitud interior. Incorpora una cantidad de factores que incluye lo mental, lo espiritual y lo emocional". Somos seres humanos integrales, y todo nuestro ser –espíritu, alma y cuerpo–, como unidad, se deleita en adorarle, y esto hace imposible separar lo uno de lo otro. Su Espíritu toca nuestro espíritu, y el alma lo manifiesta de manera corporal cuando entendemos que a través de la razón, podemos desarrollar nuestras convicciones y se vuelve una necesidad la búsqueda de Dios y el de conocerle más.

En el libro Exploración a la Adoración, escrito en 1987 por Bob Sorge, el cual tuve la oportunidad de leer a principios de los noventa, en éste encontré una definición con la que muchos se identificarán: "La adoración es amor extravagante y obediencia extrema". Sin duda, la primera parte nos lleva a la segunda. No obedecemos al Señor para que él nos ame. Lo amamos de tal manera que le rendimos pleitesía y obediencia.

No vivimos bajo el temor del castigo, vivimos bajo su gracia y misericordia. Por tanto, mi adoración está regida por el amor, no por el temor a un Dios justiciero.

Su amor hacia nosotros es inagotable y de la misma manera le correspondemos. Es su amor el que transformó para bien nuestra forma de vida, razón suficiente, por la cual, nos convertimos en adoradores que lo aman y obedecen. El amado apóstol Juan escribió: «En esto consiste el amor verdadero: no en que nosotros hayamos amado a Dios, sino que él nos amó a nosotros y envió a su hijo como sacrificio para quitar nuestros pecados» (1 de Juan 4:10).

¿Por qué debería ser difícil amar y obedecer a Dios? Entre mi niñez y adolescencia sufrí el estigma de ser amado por Dios, pero dependiendo de cómo me portaba, y entre mis dieciséis y dieciocho años, dije: ¡Basta, Dios me ama tal cual soy! Esta verdad racionalizada, provocó un sentimiento liberador, ya que, comprendí que él me ama, a pesar de que el proceso de ser mejor durará toda la vida, pero no por ello, puedo darme el lujo de no buscar con intencionalidad el cambio, es mi responsabilidad someterme a un continuo crecimiento.

Ya en este nuevo milenio, el libro "El adorador insaciable" escrito por Matt Redman, es uno de los últimos que he leído sobre adoración. Allí me encontré con la siguiente definición: "La adoración debe ser un encuentro, un lugar de reunión apasionante donde el amor se da y se recibe de una manera indescriptible". Me gusta de este escritor la referencia que hace de "un encuentro". Eso es lo que nuestra alma anhela fervientemente, ¡encontrarse con Dios! El salmista exclama: «¡Qué bella es tu morada, oh Señor de los ejércitos celestiales! Anhelo y hasta desfallezco de deseo por entrar en los atrios del Señor. Con todo mi ser, mi cuerpo y mi alma, gritaré con alegría al Dios viviente» (Salmos 84:1, 2).

La adoración es, o puede ser, tal como la han definido estos buenos escritores que he citado; mas lo que no debemos olvidar, quienes nos consideramos cristianos, es quién es el objeto de nuestra adoración, y por qué lo adoramos. C.S Lewis, un estudioso serio de la Biblia, escribió: "La primacía de la adoración, es Dios".

«Digno es el cordero que fue sacrificado, de recibir el poder y las riquezas y la sabiduría y la fuerza y el honor y la gloria y la bendición» (Apocalipsis 5:12).

Una definición técnica sobre adoración es "reverenciar con mucho honor a un ser, reconocer o atribuir valor a una persona". En resumidas cuentas, la adoración es un acto de honor, amor y gratitud a Dios. Es el compromiso y la responsabilidad de extender el reino de los cielos, y servir a los demás. La pasión por Dios nos llevará a apasionarnos por la gente. No creo que pueda ser de otra manera. Al adorar necesitamos una vida apasionada, un corazón apasionado, una alabanza apasionada.

Una canción de Marcos Witt, que yo cantaba a finales de los años ochenta, y deleitaba mi alma, compuesta por José Novelo y Juan Salinas, titulada "Hermoso Eres", dice:

En mi corazón hay una canción
que demuestra mi pasión,
para mi rey y mi Señor,
para aquel que me amó.
Hermoso eres, mi Señor.
Hermoso eres, tú,
amado mío.
Eres la fuente de mi vida
y el anhelo de mi corazón.

Según los expertos, una de las palabras de origen griego más usada en el Nuevo Testamento, de donde se traduce adoración, es proskuneo; y literalmente significa "besar hacia", como cuando el perro lame la mano de su amo. También tiene el sentido de arrodillarse o caer postrado como una expresión de reverencia, inclinarse ante otro, rendir pleitesía. Esta debe ser nuestra actitud durante nuestros actos de adoración a Dios: reverencia, honor, reconocimiento, agradecimiento, sumisión, obediencia y servicio.

2
Música

2
Música

En la revista Muy Interesante, José Gordon escribió un artículo titulado El Genoma Musical, debo agregar que en una primera lectura no comprendí mucho de lo allí escrito; se me hizo un asunto demasiado avanzado, algo muy novedoso, por no decir complejo. Hoy cualquier jovencito lo entendería a la perfección. Este artículo refiere de un experimento que hoy es una realidad: Inició el año 2000 cuando un grupo de músicos de renombre, amantes de la música y expertos en tecnología, se reunieron con la ambiciosa idea de analizar de manera exhaustiva todo lo que se había registrado en las grabaciones musicales de algunas décadas. De esta manera ensamblaron cientos de atributos musicales a los que denominaron "genes".

Ahora comprendo a grandes rasgos lo que Spotify hace cuando reproduzco mis canciones favoritas, esta plataforma a través de su algoritmo las relaciona a otras similares, según el "gen musical", es decir, mis gustos. La mayoría de las veces son muy atinados; Debo confesar que no soy una persona que le sea fácil estar al día con la tecnología, me ha sido complejo, al grado de llegar a desesperar a mi hijo menor, sobre todo cuando le pedía descargar una canción en mi celular. Me miraba y decía: "Papá, ya te expliqué la otra vez, está bien fácil". No obstante, a pesar de mi limitado conocimiento sobre los secretos tecnológicos, al pasar los años, he ido recibido cada vez mas   "revelación" –broma–.

El gen musical lo traemos desde el instante en el cual Dios creó al ser humano. Se integró cuando lo formó del polvo de la tierra y sopló aliento de vida. Es muy extraño el individuo que no sea movido por la música, el canto o algún instrumento. Tendría que ser de otro planeta.

Mi abuelo Luis Miranda, a pesar de ser un tanto hosco, recuerdo mirarlo siempre con un pequeño radio sujetado a su cinturón, el cual llevaba por todos lados, por supuesto, escuchando su música preferida que, para mí, no tenía ningún sentido; pues su gusto era completamente distinto al mío, Él era de pueblo y yo de ciudad, por lo tanto, era entendible. Por otro lado, mi madre sí heredó los gustos de la música del abuelo, lo tengo muy presente.

La música tiene poder e influencia, puesto que provoca y remueve sentimiento desde lo más profundo de nuestra alma. Hay himnos cristianos que han trascendido a través de siglos, como: "Cuán Grande es Él", "Castillo fuerte", "Santo, santo, santo", son maravillosos y deleitan nuestro ser. Existen composiciones musicales como "We are the World" que han unido al mundo para propósitos muy nobles. Sin duda, la música y la letra de estribillos, cánticos, himnos y canciones nos han inspirado de una u otra manera en las distintas etapas de nuestra vida.

Recuerdo que hace años, en una de mis visitas a la iglesia El Divino Salvador en la Ciudad de México, fui invitado a cantar y me encontré a un niño jugando en la entrada del templo. Me sorprendió que tenía su cabecita rapada, y tratando de realizar una conexión, externé la siguiente pregunta: ¿Te gusta andar peloncito?, peloncito es una palabra que utilizamos en algunas partes de mi país, la cual se expresa de forma cariñosa, cuando alguien no tiene cabello en su cabeza o lo tiene demasiado corto. Su respuesta fue: "No, estoy enfermito".

Al escuchar su respuesta, quedé en shock y me avergoncé un poco. Desde ese día, comencé una relación con sus padres y con Jorgito. Este niño murió al poco tiempo de haberlo conocido ¿A qué viene mi comentario? La vida de este hermoso niño, además de la experiencia de conocerlo, me hacen recordar dos sucesos que están marcados en mi corazón, en cuanto a Jorgito. En primer lugar, cuando él entraba en crisis en su casa o en el hospital, pedía que le pusieran el "cassette" de cantos de Pacco Espinosa, de la producción La Nueva Generación; y en dos o tres ocasiones cuando empezaba la alabanza en la iglesia de que les hablo, y yo andaba por ahí, insistentemente señalaba con sus deditos hacia el púlpito. Un día de esos les pregunté a sus padres ¿Qué señala Jorgito? Ellos respondieron: "él dice que mira ángeles sobre la plataforma". ¡Me quedé de a seis!, como dice el dicho mexicano.

La música tiene un poder impresionante para cambiar nuestros estados de ánimo. Las Escrituras registran un evento conmovedor en cuanto a la influencia de la música en el alma, cuando el joven David y futuro rey de Israel tocaba frente al rey Saúl, este último era liberado del tormento que le producía un espíritu malo.

«Ahora bien, el espíritu del Señor se había apartado de Saúl, y el Señor envió un espíritu atormentador. Algunos de los siervos de Saúl le dijeron: un espíritu atormentador de parte de Dios te está afligiendo. Busquemos a un buen músico para que toque el arpa cada vez que el espíritu atormentador te aflija. Tocará música relajante, y dentro de poco estarás bien. Me parece bien –dijo Saúl–. Búsquenme a alguien que toque bien y tráiganlo aquí. Y cada vez que el espíritu atormentador de parte de Dios afligía a Saúl, David tocaba el arpa. Entonces Saúl se sentía mejor, y el espíritu atormentador se iba» (1 de Samuel 16:14-17, 23).

El arte de la música es un lenguaje universal y ocupa un lugar preponderante en la religión y cultura de cada pueblo y nación.

Quizá con los años en algunos de nosotros disminuya la cantidad de música que escuchamos, pero mejorará la calidad de lo que oímos y disfrutamos. La melodía, letra, armonía, ritmo de una canción, penetran en el interior del alma de una manera sobrenatural, y despiertan un cúmulo de emociones infinitas. Los que han profundizado en los efectos de la música, relacionan específicamente ciertos estilos con las conductas antisociales. El asunto de sus efectos puede ser determinado por varios factores. Ahora muchos sabemos que la música provoca estados emocionales espontáneos de euforia y depresión en algunas personas. El dicho popular que dice: "la música amansa las fieras", tiene mucho de verdad; aunque parece que a otros los "a mensa" – broma.

Cuando la música se convirtió en un fenómeno de masas, la cosa se puso por demás extrema e interesante. Grupos y cantantes solistas empezaron a llenar estadios, donde miles de adolescentes y jovencitos se reunían y se unían a una sola voz para emular los éxitos de su cantante y banda favorita. Las cosas no han cambiado en este nuevo milenio. Hace pocos años acompañé a una jovencita a un concierto en el Foro Sol de la Ciudad de México, donde el grupo "One Direction", abarrotó por tres días el lugar. Hoy la música ha unido a la juventud y al mundo, no sólo en los estadios, sino a través de las redes sociales. En este nuevo milenio, todo se sincroniza, sólo se ocupa subir el contenido musical a una plataforma y lanzarlo, y en tan sólo segundos, ya pueden escuchar millones de personas.

La música sacra, también ha sido alcanzada por el fenómeno de las redes sociales; los adolescentes y jóvenes de las iglesias son parte de esta dinámica.

Cada vez me sorprendo más del impacto de la música y su influencia; pues del mismo modo que en los años 50 y 60, donde la música comenzó a hacer girar a la juventud, en este nuevo milenio las cosas una vez más han sobrepasado las expectativas.

La música es la expresión de las emociones humanas, y esas emociones las expresamos de la manera que mejor nos parece. La música y el ritmo están íntimamente ligados y eso es maravilloso.

Dios ha provisto al hombre tanto las emociones como el conocimiento de la música; y es una dicha, bendición y placer, comunicarnos a través de ella. Los estudiosos de la música la han clasificado en: melodía, armonía y ritmo. La parte fundamental de la música es la melodía. La melodía apela a lo espiritual o al espíritu humano. La armonía es el arreglo de acordes que sirven de soporte a la melodía. La armonía seguirá a la melodía. La melodía debe dominar la armonía y no a la inversa. El diccionario Webster define la armonía como sonidos agradables. El ritmo apela a lo físico, al cuerpo, al movimiento. La melodía produce el ritmo, pero el ritmo debe estar siempre al servicio de la melodía y la armonía.

Por la gracia de Dios, he tenido la oportunidad de deleitarme por más de cinco décadas cantando en público cánticos e himnos espirituales desde un estrado, así como, en lo privado, entre amigos y al lado de mis hijos, pero, sobre todo, el cantar de mis cantares ha sido y lo será eternamente, por amor y agradecimiento al que me creó, redimió, le dio sentido y propósito a mi vida: El Señor Jesucristo.

Adoración y Música

3
Adoración: Amor por Jesucristo

3
Adoración: Amor por Jesucristo

"La adoración tiene que ver con algo muy sencillo: Amor por Jesucristo". Danilo Montero

Esta declaración, de Danilo Montero, la tomé del prólogo que él escribió en el libro "El Adorador Insaciable" de Matt Redman, de los buenos libros que he leído en estos últimos años sobre adoración. Dicha definición de Danilo me pareció maravillosa, porque busca encerrar la esencia del significado de la verdadera adoración.

Empecé a escuchar de Jesucristo antes de cualquier tema en mi vida, puedo recordar incluso que a mis escasos seis años ya me era un oyente de las distintas enseñanzas que se realizaban desde el púlpito en la iglesia local, además de mis primeras lecturas, de las cuales, era evidente que entendía muy poco de tal personaje.

Mi corazón se inquietaba cuando leía de sus actos de amor. Memorizaba pasajes de las escrituras y regularmente cantaba elogios a su persona, pero seguí sin poder dimensionar o siquiera alcanzar a rasgar la profundidad que representaba la vida del Jesucristo hombre, a través de cada una de sus palabras y acciones que inquietaban mi alma.

Entre mi etapa de secundaria y preparatoria, me topé con dos libros. Uno herético: Jesucristo de carne y hueso del escritor mexicano Eduardo del Río, Rius, el cual, mi padre llevó a casa y en uno de sus cientos de párrafos leí: "lo que los comunistas reprochamos a los cristianos no es el ser seguidores de Cristo, sino precisamente el no serlo", entre otros párrafos de este libro que eran contrarios a mi fe.

El segundo libro, tiene por título "Jesús el hijo de hombre" de Gibrán Khalil Gibrán, un escritor, poeta y filósofo libanés. Éste texto, por demás descriptivo de la persona de Jesucristo, sublimó mi alma de una manera increíble desde mi juventud, posicionándolo como uno de mis libros favoritos. Me permito compartirles un párrafo, de lo que el autor envió en el año de 1926 a una persona cercana a él.

"Anoche vi de nuevo su rostro, más claramente que otras veces. Caminaba como hombre que afronta una fuerte ventisca, pero era más fuerte que el viento. Vestía nuevamente la burda túnica de lana, y de nuevo, sus pies estaban desnudos y polvosos de los torcidos caminos. Volví a ver sus largas manos y recias muñecas, cual ramas de un Árbol. Su cabeza estaba erguida, y en su continente, contemplé un vasto propósito y un callado anhelo de ternura".

Fue a mediados del año dos mil, que leí el libro "Como Jesús" de Max Lucado. En el primer capítulo, me encontré una reflexión, la cual, me pareció excelente, sobre el ser como Jesucristo.

"¿Qué tal si, por un día y una noche, Jesucristo viviera la vida suya con el corazón de Él? El corazón que usted tiene en el pecho tiene el día libre y su vida la dirige el corazón de Cristo. Las prioridades de Él gobiernan sus acciones. Las pasiones de Él impulsan sus decisiones. El amor de Cristo dirige su conducta. Con Jesucristo apoderándose de su corazón, ¿Cambiaría alguna cosa?"

Al leer estas palabras quedé impactado, sólo pude decir -wow, si así fuera, sería increíble-. Creo que los adoradores entendemos que ser como Jesucristo debe ser nuestra prioridad.

Los cuatro Evangelios del Nuevo Testamento describen la vida y enseñanzas de Jesucristo. Definitivamente son mis libros favoritos del nuevo testamento, los leo regularmente. Lucas y Juan me parece que lo hacen con más detalles, lo cual es fascinante. Cuando empezamos la lectura del libro de Lucas, lo primero que entendemos es la ardua tarea que este médico se echa a cuestas, para mostrarle al honorable Teófilo el conocimiento de la persona de Jesucristo:

«Muchas personas han intentado escribir un relato de los hechos que se han cumplido entre nosotros. Se valieron de los informes que circulan entre nosotros dados por testigos oculares, los primeros discípulos. Después de investigar con esmero desde el principio, yo también decidí escribir un relato cuidadoso para ti, muy honorable Teófilo, para que puedas estar seguro de la veracidad de todo lo que te han enseñado» (Lucas 1:1-4).

El conocimiento y la revelación de la persona de Jesucristo en los evangelios y a través del Espíritu, son suficientes para reconocer que la adoración tiene que ver con lo que escribe Juan, el discípulo amado:

«En el principio la Palabra ya existía. La Palabra estaba con Dios, y la Palabra era Dios. El que es la Palabra existía en el principio con Dios. Dios creó todas las cosas por medio de él, y nada fue creado sin él. La Palabra le dio vida a todo lo creado, y su vida trajo luz a todos. La luz brilla en la oscuridad, y la oscuridad jamás podrá apagarla» (Juan 1:1-5).

La relevancia es que esta Palabra eterna de Dios se manifestó en carne, se hizo semejante a nosotros, tanto para los que lo vieron y lo conocieron en carne propia, como para nosotros que hemos creído esta verdad sin haberle visto.

«Entonces la Palabra se hizo hombre y vino a vivir entre nosotros. Estaba lleno de fidelidad y amor inagotable. Y hemos visto su gloria, la gloria del único Hijo del Padre» (Juan 1:14).

Cómo olvidar aquel evento en mi iglesia de "Las Siete Palabras", que se efectuaba durante la celebración de la tradicionalmente llamada Semana Santa, cuando yo era sólo un niño. Me impactó de tal manera la descripción de los expositores acerca de la "Pasión de Cristo", que fue imposible el no ser conmovido, ya que, a través de su sacrificio demostró, su amor y su pasión por cada ser humano. Marcos Vidal escribió un canto titulado "El Niño de Belén", y lo expresa de una manera magistral en una de sus producciones:

Nació como un bebé pequeño y nada más,
Como uno entre tantos que a la vida nacen
ya. No ocurrió nada más, era un niño.
Nació y ninguno preguntó si de mayor
Él tendría gran poder para sanar,

si andaría por el mar.

Era un niño, nació y ninguno preguntó si iba a morir, si la gente algún día lo iba a odiar, si sería el Redentor, si traería libertad.

¿Quién pensó que aquel niñito moriría en la cruz trayendo a nuestro mundo nueva aurora de luz y una nueva vida y una oportunidad de llegar al Padre una vez más?

¿Quién pensó que al tercer día iba a resucitar, batiendo al infierno y a la muerte fatal, abriendo nuevos tiempos de felicidad por amor, por amor a ti?

Hoy nuestro mundo se ha olvidado de Jesús, ha cambiado su victoria por placer terrenal, de Su cruz queda ya un recuerdo.

Vivir, matar si es necesario alguna vez, cortar la vida antes de que pueda aún nacer, y el niño de Belén un recuerdo.

Jugar a ser una mejor generación, marcharse si es posible del hogar, sembrar odio y rencor, sin saber perdonar. Escucha en esta hora la eterna verdad que el niño de Belén va a regresar y en gloria y en poder Él juzgará tanta maldad, marcando frontera final y todo el universo le podrá contemplar, y toda obra oculta a la luz nacerá.

Su Iglesia marchará con Él a un nuevo lugar, un hogar, un dulce hogar que Él prepara ya.

El Dios hecho hombre, aquel niño que la gente conoció como Jesús de Nazaret, quien se creía era hijo de José el carpintero y María. Este Dios que a muchos sorprendió desde el inicio de su ministerio terrenal, y del que en los Evangelios se cita:

«¿En dónde aprendió todas estas cosas?» (Mateo 13:56). «¿Cómo es que sabe tanto sin haber estudiado?» (Juan 7:15). Jesucristo maravilló a propios y extraños. Doctos e indoctos.

Dicen las Escrituras que aún Herodes anhelaba conocerlo.

«El rey Herodes Antipas pronto oyó hablar de Jesucristo, porque todos hablaban de él» (Marcos 6:14). «Herodes se alegró mucho por la oportunidad de ver a Jesucristo, porque había oído hablar de él y hacía tiempo que quería verlo realizar un milagro» (Lucas 23:8).

Cuando llegó el tiempo de Dios, como lo describe Mateo en su Evangelio, «Todo esto sucedió para que se cumpliera el mensaje del Señor a través de su profeta: «¡Miren! ¡La virgen concebirá un niño! Dará a luz un hijo, y lo llamarán Emanuel, que significa Dios está con nosotros» (Mateo 1:22, 23). Y el Dios hecho hombre, el Verbo encarnado, el Dios del que hablaban los profetas del Antiguo Testamento, el gran "Yo Soy" que el Apóstol Juan nos describe en su evangelio, el eterno Emanuel, Jesucristo, empezó a recorrer ciudades, pueblos, aldeas, por toda la región de Galilea y enseñando a través de parábolas. Leemos en los Evangelios que multitudes lo seguían.

«Jesús viajó por toda la región de Galilea enseñando en las sinagogas, anunciando la buena noticia del reino, y sanando a la gente de toda clase de enfermedades y dolencias. Las noticias acerca de él corrieron y llegaron tan lejos como Siria, y pronto la gente comenzó a llevarle a todo el que estuviera enfermo. Y él los sanaba a todos, cualquiera fuera la enfermedad o el dolor que tuvieran, o si estaban poseídos por demonios, o eran epilépticos o paralíticos. numerosas multitudes lo seguían a todas partes: gente de Galilea, de las Diez Ciudades, de Jerusalén, de toda Judea y del oriente del río Jordán» (Mateo 4:23 - 25).

Desde muy joven me intrigó el título más común que la gente usaba para referirse a Jesucristo. Rabí fue el primer reconocimiento, no sólo del pueblo sino aun de los maestros de la Ley, como Nicodemo. José de Arimatea, personaje relevante, que lo seguía de lejos, principales de las sinagogas, fariseos y escribas.

El vocablo Rabí, significa Maestro, y está registrado más de doscientas veces en los Evangelios, solamente para referirse a Jesucristo. Además, se dice que Él sanaba toda enfermedad y toda dolencia del cuerpo y del alma. No pocas veces lo vemos abogando por el desprotegido, levantándose en contra de algunos de los fariseos, saduceos y escribas que habían pervertido la verdadera adoración. Me viene a la mente el grito desgarrador del ciego Bartimeo:

«...¡Jesús, Hijo de David, ten misericordia de mí!» (Marcos 10:47). El amado Maestro de Israel escuchó el grito, se detiene en medio de la multitud, se para frente al pobre hombre, y le dice: «¿Qué quieres que haga por ti?» (Marcos 10:51).

La gente que estuvo más cerca a Jesucristo, sus doce discípulos, las mujeres que le seguían y servían, decenas de seguidores fieles y las multitudes, empezaron a descubrir que el Hombre que resucitó a Lázaro, que defendió a María Magdalena, que enfrentaba a los demonios y que enseñaba con autoridad y no palabrerías, era digno de ser adorado. De ser llamado Rabí, lo empezaron a llamar Profeta, y poco a poco, algunos, a reconocerlo como Señor y Dios. Juan el apóstol, termina su Evangelio de una manera magistral:

«Jesucristo también hizo muchas otras cosas.
Si todas se pusieran por escrito, supongo que
el mundo entero no podría contener los libros
que se escribirían» (Juan 21:25).

Sí, este Jesucristo, hombre compasivo, humilde, benefactor, sabio, obediente hasta la muerte y muerte de cruz, amoroso y perdonador ¡Es digno de ser adorado! Puedes adorarlo con un cántico, un himno, un instrumento musical, con una sinfonía, con una pintura, con una escultura, con danza, pero, sobre todo con tu vida, no avergonzándote de enseñar y proclamar lo que Él es y ha sido para ti. Como lo dice una canción: "Se trata sólo de Jesucristo". Esto también lo predicó, miles de veces, el evangelista norteamericano Billy Graham.

Pablo, en su carta a los Colosenses, hace una exaltación a Cristo de una manera poética maravillosa:

«Cristo es la imagen visible del Dios invisible. Él
ya existía antes de que las cosas fueran
creadas y es supremo sobre toda la creación
porque por medio de él, Dios creó todo lo

que existe en los lugares celestiales y en la tierra. Hizo las cosas que podemos ver y las que no podemos ver, tales como tronos, reinos, gobernantes y autoridades del mundo invisible. Todo fue creado por medio de él y para él. Él ya existía antes de todas las cosas y mantiene unida toda la creación (...) Así que él es el primero en todo. Pues a Dios, en toda su plenitud le agradó vivir en Cristo y por medio de él Dios reconcilió consigo todas las cosas. Hizo la paz con todo lo que existe en el cielo y en la tierra, por medio de la sangre de Cristo en la cruz» (Colosenses 1:15-20).

El Señor Jesucristo, a quien descubrí en las Escrituras desde mi niñez y adolescencia ¡Es al que mi alma adora, honra, ama y sirve!; el que Jalil Gibran me hizo entender de una manera muy humana en mi juventud temprana a través de su libro "Jesús el Hijo del Hombre"; el Jesucristo que Anthony de Mello me hizo redescubrir entrando a mis cuarenta es quien en la actualidad me tiene cautivado y como lo escribió Danilo, y lo cité al principio de este capítulo:

"La adoración se trata de algo muy sencillo. Amor por Jesucristo", lo cual creo firmemente, ya que, el amor por Jesucristo, es el resultado de conocerlo a Él. «Y la manera de tener vida eterna es conocerte a ti, el único Dios verdadero, y a Jesucristo, a quien tú enviaste a la tierra» (Juan 17:3).

Adoración y Música

4
Amarás al Señor tu Dios

4
Amarás al Señor tu Dios

El contexto histórico de estos versículos de las Escrituras es muy interesante. El joven Jesús de Nazaret, en el inicio de su ministerio, fue reconocido inclusive por el mismo Nicodemo y un número no pequeño de fariseos y escribas, lo cual podemos leer en Juan capítulo 3:1-2; así como también podemos leer en otros pasajes que una buena cantidad de gente lo vio crecer dentro de su entorno, durante los años de su adolescencia y juventud, y estas personas sabían de la importancia de la respuesta a esta pregunta. Precisamente, el doctor Lucas, quien escribió el Evangelio que lleva su propio nombre, después de su investigación detallada de la vida de Jesucristo, escribió: «Jesús crecía en sabiduría y en estatura, y en el favor de Dios y de toda la gente» (Lucas 2: 52). El médico Lucas nos dice mucho en esta frase, tanto del entorno social donde creció Jesucristo, y como las personas sabían perfectamente quién era este adolescente; y Su futuro prometedor.

El testimonio de Lucas es más que verdadero:

El futuro Rabí de Israel tenía una excelente fama entre su pueblo: «Regresó a Nazaret, su pueblo. Cuando enseñó allí en la sinagoga, todos quedaron asombrados, y decían: ¿De dónde saca esa sabiduría y el poder para hacer milagros? Y se burlaban: No es más que el hijo del carpintero, y conocemos a María, su madre, y sus hermanos: Santiago, José, Simón y Judas. Todas sus hermanas viven aquí mismo entre nosotros. ¿Dónde aprendió todas esas cosas?» (Mateo 13:54-56).

Qué orgullosos debieron estar José y María de Jesucristo, y debió ser intimidante para ello el ser padres del hijo de Dios, de seguro nunca pudieron comprenderle totalmente y eso debió causarles angustia en algunos momentos, pero por otro lado también han de haber tenido grandes alegrías por la buena fama de su hijo.

Jesucristo no estaba ocioso antes de dar principio a su ministerio públicamente. Aparte de ejercer el oficio de carpintero, fue un estudioso de la Torá. No olvidemos su visita al templo en Jerusalén a la edad de doce años, donde, con su sabiduría, asombró al Sanedrín, mientras José y María estaban bastante preocupados porque ya habían pasado tres días que Jesúcristo se les había extraviado.

«Como no pudieron encontrarlo, regresaron a Jerusalén para buscarlo allí. Tres días después, por fin lo encontraron en el templo, sentado entre los maestros religiosos, escuchándolos y haciéndoles preguntas. Todos los que lo oían quedaban asombrados de su entendimiento y de sus respuestas. Sus padres no sabían que pensan» (Lucas 2:45-48).

Tres días de búsqueda preguntando en la caravana. No creo que haya sido poca la angustia que Jesucristo les hizo pasar a sus padres. María, su madre, "la bendita entre todas las mujeres", se preocupó por la integridad física de su hijo; el promedio de las madres lo hace y ella no fue la excepción. Finalmente, lo encontraron y quizá donde menos lo buscaban: ¡Entre los maestros religiosos de Jerusalén! ¿Cómo llegó ahí? ¿Por qué exactamente entre estos personajes? ¿Él fue a su encuentro? ¿Cómo un adolescente de doce años tuvo este atrevimiento? Lo importante es que lo encontraron. Qué buen susto los hizo pasar el pequeño Jesús. Y escribe el evangelista: «...Y su madre guardó todas estas cosas en su corazón» (Lucas 2:51).

¡Qué maravilla!, tenían al Dios de dioses en su propia casa y en su propio pueblo. El Eterno comparte un humilde techo con padres, hermanos y hermanas, como en cualquier familia. La gran diferencia es que en este hogar en particular, habitaba el Dios hecho carne entre ellos. María, su madre, siempre estuvo cerca de Él. No sólo en este encuentro con los maestros e intérpretes de la ley en el templo, sino también en la celebración de las bodas de Caná. Me gusta este relato, pues me parece simpático lo que podemos leer en esta porción bíblica.

«Al día siguiente, se celebró una boda en la aldea de Caná de Galilea. La madre de Jesús estaba presente, y también fueron invitados a la fiesta Jesús y sus discípulos. Durante la celebración, se acabó el vino, entonces la madre de Jesús le dijo: se quedaron sin vino. Apreciada mujer, ese no es nuestro problema, respondió Jesús. Todavía no ha llegado mi momento. Sin embargo su madre les dijo a los sirvientes: Hagan lo que él les diga» (Juan 2:1-5).

Se me hace gracioso, que a pesar de la observación del Señor a su madre, ella ignoró el comentario y dijo: "hagan lo que él les diga". Y el hijo de Dios, hizo el milagro y sin dudarlo María sonrió en sus adentros. María siempre estuvo para Jesucristo, aún en el acto más doloroso que una madre puede soportar, ella estuvo a su lado en el momento mismo de su muerte en el Monte Calvario.

«Estaban de pie junto a la cruz la madre de Jesús, la hermana de su madre, María la esposa de Cleofás y María Magdalena. Cuando Jesús vio a su madre al lado del discípulo que él amaba, le dijo: Apreciada mujer, ahí tienes a tu hijo. Y al discípulo le dijo: ahí tienes a tu madre. Y, a partir de entonces, ese discípulo la llevó a vivir a su casa» (Juan 19:25-27).

Podemos inferir que el encuentro de Jesucristo con los "maestros religiosos", no sólo quedó guardado en el corazón de María, sino que fue "la comidilla" en Jerusalén por varios días, pues creo que dicho encuentro es imposible haya pasado desapercibido en el entorno comunitario de Jesucristo. Estamos más que enterados por los Evangelios que, las preguntas tendenciosas de fariseos, saduceos y escribas, eran un asunto común para Jesucristo. Miren nomás a estos "sabios" e "ingenuos" personajes, quienes quisieron tenderle una trampa, lanzan la pregunta:

«Maestro, ¿cuál es el mandamiento más importante en la ley de Moisés? Jesús contestó: Amarás al Señor tu Dios con todo tu corazón, con toda tu alma y con toda tu mente. Este es el primer mandamiento y el más importante» (Mateo 22:36-38).

El énfasis de Jesucristo no deja lugar a dudas: Éste es el principal mandamiento y el más importante. Esta frase encierra todo lo que la adoración es. Aquí está resumido lo que implica la exclusividad de la adoración a Dios y como nuestro ser entero debe reconocer a Dios y además, debemos hacerlo con revelación, conciencia y convicción completa. «Amarás al Señor tu Dios» es un imperativo, pero el punto aquí es la relación que tiene la pregunta con el mensaje entregado en el Antiguo Testamento con la ley de Moisés: «Rabí, ¿cuál es el mandamiento más importante de la ley?». Y la ley a la que se referían era, por demás, extensa. Una ley, que tanto los líderes religiosos como el pueblo judío habían oído y conocían a la perfección. El Señor Jesucristo la reconocía desde su tierna infancia, y también la practicaba.

¿Por qué a este este mandamiento no le damos la importancia que tiene? ¿Acaso la literalidad de este mandamiento no es suficiente para comprender que adorar a Dios no se puede reducir a un un acto emocional o de pasiones humanas?

Una pregunta muy importante que deberíamos hacernos es ¿Qué implicaciones tiene la adoración en el ser integral del hombre?

Amar y adorar implica razón, voluntad, obediencia y sacrificio. Nuestra adoración no la hacemos a tontas y a locas. No es sólo asunto de letra escrita en una ley dada a Moisés; incluye también la revelación por medio del Espíritu de lo que Dios es y anhela. ¿A qué Dios adoramos? ¿Qué formas debemos usar en nuestra adoración? Por supuesto, no adoramos al Dios no conocido, como el apóstol Pablo lo refiere a los hombres de Atenas:

«Entonces Pablo, de pie ante el Concilio, les dirigió las siguientes palabras: hombres de Atenas, veo que ustedes son muy religiosos en todo sentido. Porque, mientras caminaba observé la gran cantidad de lugares sagrados. Y uno de sus altares tenía la siguiente inscripción: "A un Dios Desconocido". Este Dios, a quienes ustedes rinden culto sin conocer, es de quien yo les hablo» (Hechos 17:22, 23).

¿Será posible que podamos adorar "al Dios no Conocido"? ¿Será posible filosofar como los agnósticos?, quienes, sin negar la existencia de Dios, consideran inaccesible para el entendimiento humano la noción de lo absoluto y especialmente del Ser supremo. Pero no sólo el agnóstico, sino que los ateos se levantan con sus argumentos en contra de Dios y la adoración que se merece. El salmista escribió:

«Sólo los necios dicen en su corazón: No hay Dios» (Salmo 14:1). Amar y adorar van completamente ligados cuando nos referimos a lo que el eterno Dios es. Jesucristo, en su ministerio en la tierra, ejemplificó con su vida el amar y el adorar. A través de Moisés, la ley fue dada al pueblo de Israel, hasta el tiempo en que Jesucristo les respondió a los fariseos –incluso aun hasta nuestros tiempos– no se ha entendido a cabalidad el asunto de la adoración encerrada en estas frases. En el libro de Deuteronomio leemos las siguientes palabras, que Jesucristo les recordó aquel día: «¡Escucha Israel! El Señor es nuestro Dios, solamente el Señor. Ama al Señor tu Dios con todo tu corazón, con toda tu alma y con todas tus fuerzas» (Deuteronomio 6:4, 5).

El propósito principal de la ley entregada por Dios al pueblo de Israel, no pretendía ser una carga pesada y precisamente, en esto la fueron convirtiendo los líderes religiosos durante siglos. Los fariseos, escribas y saduceos habían reemplazado la ley de Dios con cientos de ideas humanas, interpretaciones torcidas y tradiciones orales que eran opresivas para el alma de los hebreos. Cuando Jesucristo estuvo en la tierra no aprobó esta actitud farisaica. Marcos 7:6-9 dice:

> «Jesús contestó: ¡Hipócritas! Isaías tenía razón cuando profetizó acerca de ustedes, porque escribió: "Este pueblo me honra con sus labios, pero su corazón está lejos de mí. Su adoración es una farsa porque enseñan ideas humanas como si fueran mandatos de Dios". Pues ustedes pasan por alto la ley de Dios y la remplazan con su propia tradición. Ustedes esquivan hábilmente la ley de Dios para aferrarse a su propia tradición».

Los resultados de la comprensión y la obediencia a este mandamiento tan antiguo, el cual, Jesucristo lo recuerda y enfatiza, debía generar como resultado amar y adorar a Dios con todo nuestro ser –espíritu, alma y cuerpo–, exaltando su Majestad.

La adoración debería enfocarse en Su naturaleza y atributos: soberano, eterno, justo, santo; amor, bondad, sabiduría, misericordia y verdad, es decir, su esencia completa.

¿Se podrá amar a Dios a medias? Parece ser que es lo que muchos de nosotros hacemos. No es asunto de fanatismo a ultranza de los principios escriturales y espirituales. No, Jesucristo no pretendió contestar la pregunta de los fariseos, para descubrir el "hilo negro" de cuál era el principal mandamiento. Sólo les recordó lo escrito en la ley que ya debía estar en sus corazones.

Claro que sí, Jesucristo pudo darles, a estos religiosos tramposos, una cátedra en cuanto a la interpretación teológica de la ley. Sus palabras fueron precisas: Amarás al Señor con todo tu ser, personalidad y cada una de tus extremidades. Él fue breve, muy breve, y sintetizó cientos de preceptos en este maravilloso mandamiento. Amar a Dios y a su Hijo Jesucristo nos lleva a ser genuinos adoradores en espíritu y verdad.

Millones de personas en el mundo nos identificamos como cristianos, siendo parte de una congregación o asistiendo ocasionalmente con el propósito de adorar, profesando una religión y participando de los sacramentos cristianos, pero ¿Cuántos hemos tenido un encuentro personal con Jesucristo y estamos cumpliendo a cabalidad con este primer mandamiento y el más importante de la ley?.

Lo he visto por años: nos hemos vuelto sorprendentemente e indolentemente dogmáticos. Como los fariseos en los tiempos de Jesucristo, enseñamos y promovemos "mandamientos de hombres". Concilio tras Concilio, año tras año, en Nombre de Dios –según nosotros–, pero que en realidad son el reflejo de cuidar los intereses de una iglesia o denominación;

seguimos agregando letra muerta y cargas pesadas a la gente que busca anhelante al Dios verdadero.

Toda la ley y los profetas se encierran en esto: Amarás al Señor tu Dios con todo tu corazón, con toda tu alma, con toda tu mente, con todo tu cuerpo, con todas tus fuerzas.

5
Al Señor tu Dios adorarás

5
Al Señor tu Dios adorarás

Richard J. Foster escribió en su libro Alabanza a la disciplina: "La pregunta sobre a quién se debe adorar la respondió Jesucristo para todos los tiempos; Al Señor tu Dios adorarás, y a él sólo servirás" (Mateo 4:10). El Señor es claro, enfático, no anda con medias tintas frente a un ser malévolo, despreciable, infernal, a quien conoce perfectamente. El propósito para lo cual Jesucristo es llevado al desierto fue para ser confrontado, puesto a prueba, tentado.

«... Luego el diablo lo llevó a la cima de una montaña muy alta y le mostró todos los reinos del mundo y la gloria que hay en ellos. Te daré todo esto –dijo– si te arrodillas y me adoras. Vete de aquí Satanás –le dijo Jesús–, porque las Escrituras dicen: "Adora al Señor y sírvele sólo a él"» (Mateo 4:1-10).

La pugna entre Dios y Satanás es innegable y permanente, ya que existe desde la eternidad y se hizo presente en el huerto del Edén:

«La serpiente era la más astuta de todos los animales salvajes que el Señor Dios había hecho. Cierto día le preguntó a la mujer: ¿De veras Dios les dijo que no deben comer del fruto de ninguno de los árboles del huerto? Claro que podemos comer del fruto de los árboles del huerto – contestó la mujer–. Es sólo del fruto del árbol que está en medio del huerto del que no se nos permite comer. Dios dijo: "No deben comerlo, ni siquiera tocarlo; si lo hacen, morirán. ¡No morirán! –respondió la serpiente a la mujer–. Dios sabe que, en cuanto coman del fruto, se les abrirán los ojos y serán como Dios, con el conocimiento del bien y del mal. La mujer quedó convencida. Vio que el árbol era hermoso y su fruto parecía delicioso, y quiso la sabiduría que le daría. Así que tomó del fruto y lo comió. Después le dio un poco a su esposo que estaba con ella, y él también comió» (Génesis 3:1-6).

Estos versículos parecen marcar el principio del fin de una relación estrecha entre Dios y su creación más preciada. Adán y Eva caen en la conspiración, en el engaño; la serpiente antigua los empuja a desobedecer a su Creador. Dios, como era habitual, va a su encuentro, los busca con vehemencia; aunque esta vez están escondidos y llenos de temor. La mayoría de nosotros conocemos la trágica historia y todas sus consecuencias que repercutieron en la humanidad entera. El hombre y la mujer no sólo tenían el huerto entero para ellos y para su disfrute completo, sino también una relación perfecta y maravillosa con Dios. Satanás, como ya quedó demostrado en el relato anterior, muchos siglos después por fin toma venganza por haber sido arrojado del cielo.

La contienda empezó en los cielos, las Escrituras dan prueba de ello en varios de sus libros. Específicamente cuándo principió no lo sabemos, pero ha sido una guerra continua por el dominio absoluto que el reino de las tinieblas ostenta tener sobre los cielos, la tierra y el alma del hombre. En los tres primeros capítulos del Génesis leemos todo el relato de la creación hasta llegar a este momento en que Eva fue engañada por la serpiente y de manera indirecta, influenció la decisión voluntaria de Adán para desobedecer a Dios.

No quiero entrar en detalles de todo lo relacionado a la "caída del hombre", ya que es un tema por demás extenso, pero fue en este preciso momento que el hombre, la mujer y sus descendientes empezaron a perder el propósito y sentido de la vida.

Desde nuestra educación primaria nos enseñan sobre el ciclo de la vida: nacer, crecer, reproducirse y morir; un proceso natural inevitable, y dentro de este ciclo hay millones de seres humanos que viven una vida miserable, independientemente de si han alcanzado todo lo que se han propuesto. Por lo general, el hombre y la mujer andan perdidos sin encontrar el propósito verdadero para lo cual habitan el planeta tierra. Una de las causas principales es que viven sin una conexión genuina con el ser Supremo, quien nos creó a su imagen y semejanza. No es poca cosa lo que leemos en las Escrituras: «Hagamos a los seres humanos a nuestra imagen, para que sean como uno de nosotros...» (Génesis 1:26).

A.W. Tozer lo predicó: "El hombre fue creado para ser un espejo del omnipotente Dios".

El salmista lo escribió de una manera poéticamente bella: «Lo hiciste un poco menor que un Dios y lo coronaste de gloria y honor» (Salmos 8:5). Una y otra vez lo hemos escuchado por medio de conferencias y predicaciones; los libros sobre doctrina o teología lo enseñan a detalle; y, sobre todo, las escrituras, desde Génesis hasta Apocalipsis lo fundamentan de manera contundente "el hombre fue creado para tener comunión e intimidad con Dios"; de ahí parte todo: adorar, alabar, honrar, conocer y disfrutar de la presencia que Dios le da al hombre y a la mujer, manifestada a través de paz, gozo y esperanza.

Adán y Eva fueron creados para ser imagen y gloria de Dios. Creo que por años así fue, desde su creación hasta su caída pudieron vivir en perfecta armonía. El eterno Dios mantiene el mismo propósito e intenciones: comunión con el hombre como al principio. Después del acto de desobediencia del hombre y la sentencia divina que consistió en expulsarlo del huerto, con todas las calamidades consecuentes a dicho acto, Dios, quien nos ama con amor eterno, en ese instante descubrió y ejecutó su inefable plan de redención, el cual él había diseñado desde antes de la fundación del mundo ¡Un plan más que maravilloso colmado de sublime gracia!, que el apóstol Pablo desglosa magistralmente:

«Toda la alabanza sea para Dios, el Padre de nuestro Señor Jesucristo, quien nos ha bendecido con toda clase de bendiciones espirituales en los lugares celestiales, porque estamos unidos a Cristo. Incluso antes de haber hecho al mundo, Dios nos amó y nos eligió en Cristo para que seamos santos e intachables a sus ojos. Dios decidió de antemano adoptarnos como miembros de su familia al acercarnos a sí mismo por medio de Jesucristo. Eso es precisamente lo que él quería hacer, y le dio gran gusto hacerlo. De manera que alabamos a Dios por la abundante gracia que derramó sobre nosotros, los que pertenecemos a su Hijo amado. Dios es tan rico en gracia y bondad que compró nuestra libertad con la sangre de su Hijo y perdonó nuestros pecados. Él desbordó su bondad sobre nosotros junto con toda la sabiduría y el entendimiento» (Efesios 1:3-8). «Pues a Dios, en toda su plenitud, le agradó vivir en Cristo, y por medio de él, Dios reconcilió consigo todas las cosas. Hizo la paz con todo lo que existe en el cielo y en la tierra, por medio de la sangre de Cristo en la cruz» (Colosenses 1:19, 20).

Así que, no estaba todo perdido; por supuesto que no ¡El tiempo de la redención había llegado y la promesa inquebrantable estaba por cumplirse! Por fin, a siglos de espera, el Emanuel, Dios con nosotros, el Mesías prometido se había hecho presente como hombre. Satanás lo sabía y tenía claro su objetivo. El evangelista Mateo, el cobrador de impuestos, al que su amado Maestro le dijo: "ven y sígueme", lo relata y queda plasmada la historia de una lucha espiritual entre los representantes de dos reinos en conflicto: Jesucristo y el ángel Luzbel, en este tiempo ya como Lucifer. Dos seres inmortales que se conocían desde la eternidad en el trono de Dios, y, sin dudarlo, habían tenido una buena relación. Ahora las circunstancias eran otras, y no iban a ser nada amables. Sería una batalla épica. El príncipe de este mundo no estaba dispuesto a ceder "su territorio". Pelearía por los derechos que el hombre voluntariamente le había cedido; aunque Satanás estaba consciente que un día esos derechos les serían reclamados. Pelearía con "uñas y dientes" con aquel que lo echó a "patadas" del trono de Dios. ¿Que si el

Señor tenía conocimiento a la perfección a quién se enfrentaba?, claro que sí; conocía de su poder, intenciones perversas y maldad. Él mismo lo calificó como padre de mentira. Y es descrito en las Escrituras como la serpiente antigua, que es el diablo y Satanás, el acusador, el que anda como león rugiente, el adversario de nuestras almas.

No tenemos más detalles de este evento –hubiera sido bueno–, pero el evangelista es preciso en algunos puntos, nos revela cosas dignas de atención; una de ellas es el propósito de este capítulo. Jesucristo hombre comenzó su ministerio a prueba de fuego. Antes de comentar algunos momentos de este acontecimiento, permítanme citar lo escrito por Mateo:

«Luego el Espíritu llevó a Jesús al desierto para que allí lo tentara el diablo. Durante cuarenta días y cuarenta noches ayunó y después tuvo mucha hambre. En este tiempo, el diablo se le acercó y le dijo: Si eres el Hijo de Dios, di a estas piedras que se conviertan en pan. Jesús le dijo: ¡No! Las Escrituras dicen: "la gente no vive sólo de pan, sino de cada palabra que sale de la boca de Dios". Después el diablo lo llevó a la santa ciudad, Jerusalén, al punto más alto del templo, y le dijo: Si eres el Hijo de Dios, ¡tírate! Pues las Escrituras dicen: "Él ordenará a sus ángeles que te protejan. Y te sostendrán con sus manos para que ni siquiera te lastimes el pie con una piedra". Jesús le respondió: las Escrituras también dicen: "no pondrás a prueba al señor tu Dios". Luego el diablo lo llevó a la cima de una montaña muy alta y le mostró todos los reinos del mundo y la gloria que hay en ellos. Te daré

todo esto –dijo– si te arrodillas y me adoras.
Vete de aquí, Satanás –le dijo Jesús– porque
las Escrituras dicen:
"Adora al Señor tu Dios y sírvele sólo a él".
Entonces el diablo se fue, y llegaron ángeles
a cuidar a Jesús» (Mateo 4: 1-11).

Cuarenta días y cuarenta noches de ayuno total
debilitan a cualquiera físicamente, pero cuando la
carne va menguando, el espíritu se fortalece. Me gusta
imaginar que Satanás por momentos se mantiene
distante, como león astuto y paciente acechando a su
presa; agazapado, expectante y alerta espera
abalanzarse en la primera oportunidad, con el fin de
dar el golpe mortal. De pronto, de la misma manera que
día tras día lo ha estado intentando, confronta la
humanidad de Jesucristo el Hijo del Hombre, diciéndole:
"Si eres el Hijo de Dios...". Quién más que el Señor, aun
en su naturaleza humana, sabía perfectamente quién
era Él y cuál era Su propósito para lo cual había venido
a la tierra. También Satanás sabía que Jesucristo
hombre era Dios, amado por el Padre, y que millares de
ángeles estaban atentos a este evento. Pero, el muy
ingenuo, por más que lo tentó de diferentes formas,
fracasó. Nuestro Señor no hizo valer su conocimiento
vasto sobre ciencia, teología, griego, ni menos de las
raíces hebraicas y arameas de las Escrituras, para
demostrarle a su archienemigo quién era el Hijo de Dios,
y quién tenía el poder absoluto. Tomó el control de
cada situación y le respondió con la eterna palabra
escrita de Dios: "Escrito está...".

Me concentraré un poco más en la última tentación:
«Luego el diablo lo llevó a la cima de una montaña muy
alta y le mostró todos los reinos del mundo y la gloria
que hay en ellos. Te daré todo esto –dijo– si te arrodillas
y me adoras». ¿Qué les parece tal atrevimiento?

Satanás conoce la debilidad del hombre y por ende va sobre la humanidad de Jesucristo.

Estoy cerca de mis sesenta años y en mi vida he tenido la oportunidad de relacionarme con infinidad de gente en el ámbito político y religioso, he sido puesto a prueba en los menesteres de los privilegios merecidos y no merecidos de estar en el poder o cerca de él; puedo dar testimonio que he desistido de tales oportunidades, las cuales, me hubieran brindado la posibilidad de vivir mejor en muchos aspectos. Diferentes personas, con liderazgos preponderantes dentro de mi denominación, me hicieron varias propuestas, a lo que he siempre he contestado con un firme no.

Repetidas veces, alguien que era "mi amigo" e involucrado en asuntos de política me proponía lo mismo, y le dije: No. Decenas de personajes cercanos a mí, con un corazón correcto y con buenas intenciones, cuando han llegado a una posición de poder y autoridad los he visto perder piso.

Así que, el diablo, Satanás, el padre de la mentira, le dice a Jesucristo: "piénsalo bien. ¿Cuánto tiempo necesitas? La propuesta es buena, seamos socios y te daré todos los reinos del mundo... todos. Te recuerdo: Adán y Eva me lo cedieron, pero como soy tan generoso, te lo puedo dar a cambio de algo que tú sabes que yo he pretendido y, además, creo lo merezco. Podemos cerrar el trato: sólo póstrate y adórame".

Adorar o ser adorado ha sido el gran dilema del hombre desde su caída. La gente creativa, en los asuntos del arte, es muy propensa a caer en "la hoguera de las vanidades". Artistas de música popular son un claro ejemplo de ello. La soberbia y la vanidad, el dinero y la popularidad, las adulaciones y el protagonismo, las drogas y una vida sexual de promiscuidad llevan a experimentar infinidad de perversiones, inclusive a creerse dioses o semidioses y aun pasa entre los cantantes, músicos cristianos y los "grandes evangelistas". Viajé algunos años cantando – como lo dije en capítulos anteriores– y estuve cerca de dos ministerios muy conocidos; uno, en los tiempos de mi adolescencia y juventud temprana; y otro dedicado al ministerio de tiempo completo; pero como dicen: "hay de todo en la villa del Señor". Quizá por eso aparece en el Decálogo:

"No tendrás dioses ajenos". Leemos en las Escrituras: «No a nosotros, oh Señor, no a nosotros sino a tu nombre le corresponde toda la gloria, por tu amor inagotable y tu fidelidad. ¿Por qué dejar que las naciones digan: ¿Dónde está el Dios de Israel? Nuestro Dios está en los cielos y hace lo que le place. Los ídolos de ellos no son más que objetos de plata y oro; manos humanas le dieron forma. Tienen bocas pero no pueden hablar, tienen ojos pero no pueden ver. Tienen oídos pero no pueden oír, y tienen nariz, pero no pueden oler. Tienen manos, pero no pueden sentir, tienen pies, pero no pueden caminar, y tienen garganta, pero no pueden emitir sonido» (Salmos 115:1-7).

Mi querido amigo, hermano, colega, en los asuntos del cantar, tocar, ministrar, olvídate de creer y considerarte necesario o indispensable. La escritura nos dice que las "piedras" pueden alabar; y que la alabanza de los bebés y los niños, así como, la naturaleza entera y millares de ángeles adoran a Dios. Lo que te recomiendo es que te sientas digno y bendecido porque Dios te dio un talento y un don. Dale gracias por ello y vive con humildad y un corazón correcto. He mirado caer a muchos "ídolos de barro" dentro de la iglesia que principiaron muy bien, pero, al igual que a Adán y Eva, satanás les endulzó sus oídos, los empalagó con sus palabras, y les dijo: tú puedes ser como Dios. No pretendamos ser como nadie, sino como nuestro Señor: mansos y humildes de corazón.

En este último intento de Satanás, y su descabellada petición a Jesucristo, nuestro Señor cansado físicamente, pero fortalecido en su espíritu, le dice: "Vete de aquí, Satanás... porque las Escrituras dicen: Adora al Señor tu Dios y sírvele sólo a él" (Mateo 4:10).

Aunque la mayoría de los detalles no están registrados de manera explícita, la pugna de Satanás en contra de Jesucristo continuó mientras el Señor ejerció su ministerio terrenal. Cuando el diablo terminó de tentar a Jesús, lo dejó hasta la siguiente oportunidad. Lucas 4:12.

El apóstol Pedro, Judas Iscariote, los fariseos, saduceos, escribas y el sumo sacerdote de aquellos días, fueron usados y azuzados por Satanás para hacer caer a Jesucristo e impedir que cumpliera el propósito principal por el cual, se hizo hombre. Permítanme decirlo a mi manera.

Cuando el Señor responde a Satanás y le "patea su trasero", también pienso que pudo haberle dicho: "Me tienes hasta la coronilla". Y te lo voy a decir aquí en corto, diablo mentiroso, nos vemos en el Calvario; allí te daré la estocada final. Pero antes que te vayas te lo recordaré de nuevo: Al Señor tu Dios adorarás y a él sólo servirás.

«Entonces el diablo se fue, y llegaron ángeles a cuidar de Jesús» Mateo 4:11. Podemos imaginar que mientras los ángeles animaban, atendían, halagaban, y le sonreían felices por su victoria, le dijeron: "Señor Jesucristo eres el mejor, no hay nadie como tú. Y cuando lo requieras, lo sabes bien, estaremos a tus órdenes". Mateo 4:11.

6

Adoradores en Espíritu y en Verdad

6
Adoradores en Espíritu y en Verdad

«**A**sí que dígame, ¿Por qué ustedes, los judíos, insisten en que Jerusalén es el único lugar donde se debe adorar, mientras que nosotros, los samaritanos, afirmamos que es aquí, en el monte Gerizim, donde adoraron nuestros antepasados? Jesús le contestó: Créeme, querida mujer, que se acerca el tiempo en que no tendrá importancia si se adora al Padre en este monte o en Jerusalén. Ustedes los samaritanos, saben muy poco acerca de aquel a quien adoran, mientras que nosotros, los judíos, conocemos bien a quien adoramos, porque la salvación viene por medio de los judíos. Pero se acerca el tiempo –de hecho, ya ha llegado– cuando los verdaderos adoradores adorarán al Padre en espíritu y en verdad. El Padre busca personas que lo adoren de esa manera. Pues Dios es Espíritu, por eso todos los que lo adoran deben hacerlo en espíritu y verdad» (Juan 4:20-24).

Se hace teología o doctrinas de todos estos versículos, porque son ricos en contenido. Hay expertos que han sabido desglosar este capítulo maravillosamente. Varias lecturas basadas en este encuentro me han dado luz y motivación para escribir lo que en las próximas líneas desarrollaré. Creo que de una u otra manera, más de uno de los que hemos esludo involucrados en los asuntos de la adoración y la música, nos ha intrigado y nos ha hecho más conscientes, ya que nos ayuda a comprender que el hecho de cantar y ejecutar un instrumento no nos convierte en adoradores.

Una regla del arte de interpretar las escrituras (hermenéutica), nos dice que para la correcta interpretación, un texto debe analizarse a la luz de su contexto; y en este caso en particular, podemos percatarnos que una buena cantidad de versículos del capítulo cuatro de Juan son explícitos, pues buscan que la mujer samaritana comprenda a través de este diálogo circunstancial la enseñanza que inició por una simple petición.

«En el camino, tenía que pasar por Samaria. Entonces llegó a una aldea samaritana llamada Sicar, cerca del campo que Jacob le dio a su hijo José, allí estaba el pozo de Jacob; y Jesús, cansado por la larga caminata, se sentó junto al pozo cerca del mediodía. Poco después, llegó una mujer samaritana a sacar agua, y Jesús le dijo: Por favor, dame un poco de agua para beber» (Juan 4:4-7).

Jesucristo hombre, el Rabí, el Mesías, el Hijo de Dios «Aunque era Dios, no consideró que el ser igual a Dios fuera algo a lo cual aferrarse» (Filipenses 2:6). Como cualquier mortal cansado de una larga caminata, y dando muestra de su necesidad natural como ser humano, hace una simple y humana solicitud: "Por favor, dame un poco de agua para beber". Tal vez las cosas no debieron pasar más allá de un "sí, con mucho gusto"; sin embargo, no sucedió así al momento de la petición. Según el relato de Juan el discípulo amado, con esas pocas palabras: "...dame un poco de agua para beber", da inicio un diálogo que llevaría a la samaritana a romper con el estigma de ser una mujer de mala fama, por pertenecer a la sociedad menospreciada de Samaria. Ésta estigmatizada dama sin nombre, ni apellidos, emancipada por el poder de Jesús de Nazaret, pasaría a formar parte importante de la historia de valientes proclamadoras de buenas noticias. La Biblia de las Américas dice en Salmos 68:11: «El Señor da la Palabra; las mujeres que anuncian las buenas nuevas son gran multitud».

Me imagino que no era común para esta mujer encontrarse con un rabí o profeta en las visitas regulares al pozo mientras cumplía con sus responsabilidades diarias. Pero lo impensable sucedió; porque esta vez encontró sentado al Profeta prometido, quien le dio una lección trascendente en cuanto a la adoración genuina. De la misma manera para nosotros, los que nos consideramos adoradores, estos versículos deberían darnos mayor luz y entendimiento. Pocos pasajes como éste encontramos en los Evangelios y en el resto del Nuevo Testamento, y además, expresados directamente por el Señor revelándonos la forma correcta de adorar y quiénes pueden ser nombrados como verdaderos adoradores. La actitud reactiva de la mujer, contrastada con el gesto proactivo de Jesucristo, debemos decir que de seguro no fue nada amable, tal cual está demostrado al principio de la conversación. «La mujer se sorprendió, ya que los judíos rechazan todo trato con los samaritanos. Entonces le dijo a Jesús: Usted es judío, y yo soy una mujer samaritana. ¿Por qué me pide agua para beber?» (Juan 4:9). Ante la demanda de un atrevido judío, ella revira pronto y como dijera Catón, un periodista mexicano, "respondió ipso facto", es decir, inmediatamente.

Se dice que un vaso de agua no se le niega a nadie, verdad que creo completamente. Pero en la mentalidad subestimada de la samaritana se hacen presentes los prejuicios raciales. Analizando un poco los antecedentes históricos de judíos y samaritanos, tanto la Biblia como documentos extra bíblicos registran con mucha claridad, la enemistad perdurable entre estos dos pueblos desde aquellos tiempos. La mujer de Sicar tenía completa razón en hacer las observaciones de acuerdo con paradigmas raciales, culturales y religiosos. No son pocos los pasajes de las Escrituras que hablan de esta rivalidad. Pero el Señor la trata con amabilidad, paciencia, humildad y mucha consideración.

«Jesús contestó: Si tan sólo supieras el regalo que Dios tiene para ti, y con quién estás hablando, tú me pedirías a mí, y yo te daría agua viva» (Juan 4:10).

"Yo te daría agua viva", no te imaginas mujer lo que Dios te tiene preparado, te escogió a ti para saciarte con un torrente de agua clara, limpia, fresca para tu alma entera. ¡Si tan sólo supieras! Pero aún no lo ves, no lo entiendes. La mujer mira hacia el lugar donde está sentado el Maestro; debió haberle sorprendido lo que sus ojos alcanzaban a contemplar. Se queda un poco pensativa y vuelve a mirar con más atención; y como dice mi sobrino Antonio, cuando hay una situación medio tensa y poco clara, "A ver, a ver, a ver". Se debió sentir contrariada ante tal comentario, y suelta otras preguntitas:

«Pero señor, usted no tiene soga, ni un balde para sacar agua –le dijo ella–, y este pozo es muy profundo. ¿De dónde va a sacar esa agua viva? Además, ¿se cree usted superior a nuestro antepasado Jacob, quien nos dio este pozo? ¿Cómo puede usted ofrecer mejor agua que la que disfrutaron él, sus hijos y sus animales?» (Juan 4:11, 12).

Es como si la mujer le dijera a Jesucristo -Déjeme le hago una observación con mucho respeto. Por lo visto usted no cuenta con los implementos necesarios y para complicarlo aún más, el pozo es muy profundo ¿Se cree usted un mago, o algo parecido?- Sin duda, ella sigue confundida y algo ofuscada. Persiste con el mismo asunto de las diferencias culturales y religiosas para no quedarse con las ganas de salirse con la suya. Por sus expresiones orales se ve que esta señora "es una mujer de armas tomar", es decir, parece que está acostumbrada a lograr todo lo que se propone. Continúa con su interlocución y comenta -sólo otro detallito, señor judío, ¿me lo permite? ¿Se cree usted superior a nuestro antepasado Jacob?- El asunto se empieza a poner mucho más interesante aún, ya que, Jesucristo sostiene la plática con infinita paciencia y templanza, con la cual llevará a esta mujer a una verdad que transformaría su vida por completo, y también la de decenas de hombres y mujeres en su aldea, lugar donde radicaba la protagonista de esta historia. Si leemos los Evangelios, no será difícil darnos cuenta de que al Señor le gustaba intrigar a las personas.

«Jesús contestó: Cualquiera que beba de esta agua pronto volverá a tener sed, pero todos los que beban del agua que yo doy no tendrán sed jamás. Esa agua se convierte en un manantial que brota con frescura dentro de ellos y les da vida eterna» (Juan 4:13, 14).

Me encanta el remate:

«Esa agua se convierte en un manantial que brota con frescura dentro de ellos y les da vida eterna». La mujer debió abrir aún más sus ojos que cuando Jesucristo le pidió agua, y, una vez que se hace la conexión espiritual con su interlocutor, ella le ruega: «Por favor, señor –le dijo la mujer–, ¡deme de esa agua!

Así nunca más volveré a tener sed y no tendré que venir aquí a sacar agua» (Juan 4:15).

Si esta escena la ubicáramos en una zona rural de cualquier país latinoamericano, donde no se cuente con los servicios públicos básicos, la mujer, hubiera podido decir a Jesucristo: Señor, ¿me puedes creer?, en mi barrio no hay instalaciones de agua potable. Confieso que, venir constantemente a este lugar es por necesidad y es una de las obligaciones que menos disfruto, se lo aseguro, es cansado, verdaderamente cansado. Pero si en sus manos está la posibilidad de ayudarme para no sufrir sed jamás y no tener que venir a sacar agua de este pozo, entonces, por favor, ¡Deme de esa agua!

Jesucristo sigue teniendo sed; y la mujer todavía no le da agua. En este punto del encuentro, la mujer está muy inquieta con tanta revelación. Por tanto, el Señor decide empezar a aterrizar y llegar al meollo del asunto.

«Jesús le dijo: Ve y trae a tu esposo» (Juan 4:16). La mujer tragó saliva –pero sólo poquita– y, como parte de su personalidad manifiesta anteriormente responde a rajatabla. «No tengo esposo –respondió la mujer–. Es cierto –dijo Jesús–. No tienes esposo porque has tenido cinco esposos y ni siquiera estás casada con el hombre con el que ahora vives. ¡Ciertamente dijiste la verdad!» (Juan 4:17,18).

Esto me hace recordar a Elizabeth Taylor, actriz norteamericana que, según las notas de espectáculos, se casó ocho veces. Si la mujer querendona de Samaria no hubiera tenido este encuentro tan extraordinario con el Señor Jesucristo, tampoco se hubiera detenido en andar buscando a su "amor verdadero". Y Elizabeth Taylor jamás la hubiera igualado en cuanto a hombres en su lecho.

En este momento y después de un diálogo tan intenso, provocado por el "dame de beber de Jesús", la mujer por fin recibe una ráfaga de iluminación, y le dice: «Señor –dijo la mujer–, seguro que usted es profeta» (Juan 4:19). Y, después de esta reflexión, se da inicio a una de las preguntas más relevantes que millones de personas han hecho a través de los siglos; y la mujer de Samaria se la hace a la persona indicada, en el momento y lugar preciso. Regresando a la inquietud de la mujer de Samaria, ya completamente intrigada por el personaje con quien "se topó" en el pozo. Continúa de preguntona:

> «Así que dígame, ¿por qué ustedes, los judíos, insisten en que Jerusalén es el único lugar donde se debe adorar, mientras que nosotros, los samaritanos, afirmamos que es aquí, en el monte Gerizim, donde adoraron nuestros antepasados?» (Juan 4:20).

Esta pregunta, no era de cualquier índole, ya que esos lugares de adoración eran de gran importancia para judíos y samaritanos.

Si dicho evento se hubiera llevado en la actualidad, muy probablemente Jesucristo le dijera -Mujer, se acerca el tiempo, en el cual, el lugar dejará de ser importante, ya que ni el templo, ni ningún monte serán exclusivos o relevantes para adorar-.

¿Leyeron bien? ¡El lugar no es tan importante, ni determinante para poder adorar a Dios! No lo digo yo, el pasaje es por demás claro.

Dimensionar hoy en día este comentario causaría "rasgaduras de vestimentas", como el que provocó en aquel tiempo. De cualquier manera, hay que replantearnos la pregunta ¿El lugar importa? Ante tal declaración, expresada y escrita hace siglos ¿Por qué seguimos dándole tanta importancia? No deberíamos limitarnos a una ubicación geográfica o lugar específico para adorar a nuestro Creador. ¡Dios mío, he visto defender ferozmente el espacio físico donde nos reunimos! Lo sé, hay una buena cantidad de capítulos en las Escrituras para defender el templo, la casa de Dios, el santuario, el lugar de reunión. Entre mi niñez y adolescencia me tocó experimentar los estragos físicos (estoy exagerando), de ese celo religioso por el lugar de reunión de la iglesia, donde asistía con mis padres a adorar. Tengo muy presente como correr en los atrios del templo, me costó más de una vez jalones de orejas, coscorrones y miradas amenazadoras por dos de los personajes más celosos del "lugar de adoración" que he conocido, los hermanos Lucas Barrera y José Rivera, miembros casi fundadores de la iglesia local donde me congregué por décadas. Sin dudarlo, su celo era correcto por lo que para ellos significaba "el templo", ya que desde el púlpito por años se enseñó y exaltó el lugar de adoración de una forma radical.

Espero no me mal entiendan, sólo enfatizo lo que Jesucristo le dijo a la mujer. ¡Ni este monte, ni Jerusalén son necesarios e importantes para adorar a Dios! El templo construido por Salomón en los años de su reinado, reconstruido y ampliado por el rey Herodes en Jerusalén, y destruido en la persecución liderada por el emperador Nerón en el año 70 d. C., el cual, era lo suficientemente emblemático y majestuoso, un santuario principal de adoración para el pueblo judío. El apóstol Pablo, como maestro de la ley estaba consciente de la importancia del templo para todos los actos ceremoniales, pero se atrevió a decir: «Él es el Dios que hizo el mundo y todo lo que hay en él. Ya que el Señor del cielo y de la tierra, no vive en templos hechos por hombres» (Hechos 17:24).

Esteban, el primer mártir cristiano, sufrió la pena capital conforme a la costumbre judía de aquel tiempo, que por cierto, le fue aplicada por sus propios líderes religiosos; sólo porque, en su defensa frente al Concilio, entre otras verdades, les dijo:

> «Nuestros antepasados llevaron el tabernáculo con ellos a través del desierto. Lo construyeron según el plan que Dios le había mostrado a Moisés. Años después, cuando Josué dirigió a nuestros antepasados en las batallas contra las naciones que Dios expulsó de esta tierra, el tabernáculo fue llevado con ellos al nuevo territorio. Y permaneció allí hasta los tiempos del rey David. David obtuvo el favor de Dios y pidió tener el privilegio de construir un templo permanente para el Dios de Jacob, pero fue Salomón quien lo construyó. Sin embargo, el Altísimo no vive en templos hechos por manos humanas. Como dice el profeta: "El cielo es mi trono y la tierra es el estrado de mis pies. ¿Podrían acaso construirme un templo tan bueno como ese? —pregunta el Señor—. ¿Podrían construirme un lugar de descanso así? ¿Acaso no fueron mis manos las que hicieron el cielo y la tierra?"». (Hechos 7:44-50).

Para una mejor comprensión de esta historia, recomiendo leer todo el capítulo siete, y, sin violentar el tenor general de las Escrituras, miren lo que dice el profeta Oseas: «Israel olvidó a Aquel que lo hizo y construyó templos...» (Oseas 8:14. Biblia Peshitta en Español).

Déjenme hacer una breve síntesis de cómo para el pueblo de Israel, el lugar de adoración se fue convirtiendo en algo muy importante y necesario a través de su historia. De ser un pueblo nómada se transformó en una nación poderosa, con un templo, en el cual, giraba toda su vida nacional en el tiempo de los reyes, como está registrado en los libros del Antiguo Testamento.

El patriarca Abraham y sus descendientes tenían como regla levantar altares, ofrecer ofrendas de animales y de vegetales, así como, actos esenciales de adoración. Un primer ejemplo de esta clasificación lo encontramos en Génesis 4:3 y 4; donde Caín presentó a Dios una ofrenda vegetal, y Abel le ofreció una ofrenda animal. «Al llegar el tiempo de la cosecha, Caín presentó algunos de sus cultivos como ofrenda para el Señor. Abel también presentó una ofrenda: las mejores partes de algunos de los corderos que eran primeras crías de su rebaño. El Señor aceptó a Abel y a su ofrenda».

La mejor descripción de las ofrendas materiales que el Señor prescribió al pueblo de Israel, la encontramos en los libros de Éxodo y Levítico. Después de que fueron liberados de la esclavitud de Egipto por Moisés.

El tabernáculo fue el lugar más representativo y emblemático para sus prácticas de adoración. El anhelo de David de construirle templo a su Señor, fue hecho realidad por su hijo Salomón. Y por muchos siglos, hasta los tiempos de Jesucristo, el templo era un lugar extremamente sagrado y continuaba siendo de vital importancia para las obras relacionadas con la adoración del pueblo judío.

Unos siglos antes que Jesucristo ejerciera su ministerio terrenal, la controversia entre judíos y sus hermanos de Samaria consistía en clasificar el sitio exclusivo donde se debía adorar. Desde este punto de vista, tanto la pregunta de la mujer samaritana como la respuesta del Señor, es un asunto que cobra mayor relevancia, porque

un joven maestro y profeta revela el lugar donde se debe adorar, el tipo de adoradores que Dios requiere, y las actitudes o cualidades correctas para hacerlo

en otras palabras, las cualidades espirituales y prácticas manifestadas que busca Dios en los adoradores, yendo contra todos los convencionalismos.El joven maestro y profeta de Israel, como era su costumbre, haciendo pedazos los dogmas y quebrando paradigmas.

Por lo que leemos en el evangelio de Lucas, cuando Jesucristo inició su ministerio, frecuentó la sinagoga en su aldea Nazaret el día de descanso, a la cual asistía desde niño como tenía por costumbre. Al entrar al lugar se puso de pie para leer las Escrituras. Le dieron el rollo del profeta Isaías. Jesucristo lo desenrolló, y encontró el lugar donde está escrito:

> "El Espíritu del Señor está sobre mí, porque me ha ungido para llevar la buena noticia a los pobres. Me ha enviado a proclamar que los cautivos serán liberados, que los ciegos verán, que los oprimidos serán puestos en libertad, y que ha llegado el tiempo del favor del Señor". Lo enrollo de nuevo, se lo entregó al ayudante y se sentó. Todas las miradas en la sinagoga se fijaron en él. Lucas 4:16-20.

También leemos en los Evangelios, que el Señor no sólo cumplió a cabalidad con todos los rituales celebrados en el templo desde su infancia hasta sus treinta años de edad, no conformándose con esto lo siguió haciendo durante los tres años y medio de su ministerio, incluyendo el ir al templo regularmente, pero esto último no fue una limitante para que profetizara la destrucción de éste; lo cual terminó sucediendo cuarenta años después de su ascensión. Es importante mencionar que la última etapa de la actividad ministerial de Jesucristo se realizó fuera del templo. Sólo para fijar un punto de referencia, les comparto el siguiente pasaje bíblico:

«Cuando Jesús salía del terreno del templo, sus discípulos le señalaron los diversos edificios del templo. Pero él les respondió: ¿Ven todos esos edificios? Les digo la verdad, serán demolidos por completo. ¡No quedará ni una sola piedra sobre otra!» (Mateo 24:1, 2). Él era consciente de la importancia del lugar de adoración y lo que representaba para sus paisanos judíos, pero con todo ese entendimiento, su respuesta fue: «Créeme, querida mujer, que se acerca el tiempo en que no tendrá importancia si se adora al Padre en este monte o en Jerusalén».

¿Cómo es que la mujer de Samaria seguía recibiendo tanta revelación? ¿Cómo es posible que el Señor se atreviera a tanto?

Juan no nos dice nada después de este acontecimiento, ¿Cuál fue la respuesta de la mujer ante tales comentarios de Jesucristo? Qué sorprendente, increíblemente revolucionario y lo que le sigue. Entonces... cómo los datos históricos registrados en los primeros capítulos del libro de Los Hechos, seguimos observando a los apóstoles, discípulos –la llamada Iglesia primitiva– acudiendo al templo como devotos judíos.

«Todos los creyentes se dedicaban a las enseñanzas de los apóstoles, a la comunión fraternal, a participar juntos en las comidas (entre ellas la Cena del Señor) y a la oración... todos los creyentes se reunían en un mismo lugar y compartían todo lo que tenían. Vendían sus propiedades y posesiones y compartían el dinero con aquellos en necesidad. Adoraban juntos en el templo cada día, se reunían en casas para la Cena del Señor y compartían sus comidas con gran gozo y generosidad, todo el tiempo alabando a Dios y disfrutando de la buena voluntad de toda la gente. Y cada día el Señor agregaba a esa comunidad cristiana los que iban a ser salvos» (Hechos 2: 42-47).

Las palabras específicas de Jesucristo a la mujer de Samaria ¿Qué propósito tuvieron en ese momento?: "...se acerca el tiempo en que no tendrá importancia si se adora al Padre en este monte o en Jerusalén". ¿De qué tiempo exacto estaba hablando el Señor? ¿Ya se cumplió el tiempo del que él habló en este pasaje? ¿Se cumplió después de la destrucción del templo en el año setenta de nuestra era? ¿Tanto para la Iglesia de los siglos pasados como para la moderna de este nuevo siglo, el templo debería ser el lugar por excelencia para adorar? ¿Cuándo es que el lugar donde nos reunimos para adorar perdió relevancia? ¿No se han convertido nuestras reuniones para adorar en una costumbre, y, en algunos de los casos, tan sólo lugares de espectáculo, negocios o clubs? Viene a mi memoria el siguiente evento:

«Jesús entró en el templo y comenzó a echar a todos los que compraban y vendían animales para el sacrificio. Volcó las mesas de los cambistas y las sillas de los que vendían palomas. Les dijo: "Las Escrituras declaran: Mi templo será llamado casa de oración", ¡pero ustedes lo han convertido en una cueva de ladrones» (Mateo 21: 12,13).

Éste es uno de los pocos eventos en que se ve a Jesucristo enojado, exaltado, manifestando de una manera violenta su inconformidad. En su ministerio terrenal tuvo varios desencuentros con el sistema tradicional de los fariseos, saduceos, escribas, e hizo que el sumo sacerdote varias veces se parara de puntillas. La declaración: "Ustedes lo han convertido (el templo) en una cueva de ladrones". No es cualquier declaración. Es una confrontación al mal uso y abuso que habían hecho de los sacrificios de animales ofrecidos como ofrendas por la culpa.

¿Si Jesucristo regresara en este año 2022, haría lo mismo en alguno de los lugares donde nos congregamos? ¿Acaso despotricaría en algunos de ellos por la forma en que se destinan las finanzas? ¿Se alejaría de nuestras reuniones por las liturgias tan sosas y aburridas que usamos para adorar? ¿Le parecería bien todo el show mediático? ¿Diría algo por la manera de relacionarnos como comunidad? ¡Definitivo que lo haría!

Por algunos años me dediqué a viajar, cantando y predicando, –a mediados de los años ochenta, hasta mil novecientos noventa y tres– visité decenas de iglesias: bautistas, presbiterianas, del nazareno, bíblicas, metodistas, pentecostales, carismáticas y, un sinfín, de congregaciones independientes. Y dejé de hacerlo por más de una década. En 2011 retomo viajar, pero, de forma irregular y ¿Qué creen? Para mi desgracia visité congregaciones que eran todo, menos verdaderos lugares de adoración y koinonía. Eso sí, en muchas de ellas, había una perorata nada creíble en cuanto a la adoración y el servicio a Dios. Soy medio malo para recordar fechas, pero hubo un acontecimiento en años recientes, creo que fue el año de 2016. Andaba yo por Ciudad de México y un buen amigo de Hermosillo llegó atender asuntos personales y me preguntó si lo podía acompañar al aniversario de una iglesia por los rumbos de Pantitlán, puesto que una jovencita que conoció circunstancialmente en la Ciudad de Hermosillo le había extendido una cordial invitación, cabe mencionar que en mis tiempos de cantante fui invitado a participar en varios aniversarios en el centro del país y sabía de lo que se trataba. Este tipo de eventos se convierten en una celebración, en la que debes llegar con las mejores prendas y participar durante horas en la iglesia local cantando y dando testimonio, esta dinámica se vuelve el centro del culto. A qué viene todo esto, a que hemos reducido el verdadero significado de alabanza y adoración a un punto en el programa, a un evento o momento para distraer a la iglesia y promover nuestros esfuerzos eclesiales.

Pero volvamos al punto. Creo que la lección más importante sobre la adoración –que trastornaría el mundo y a la Iglesia, la hizo Jesucristo a una mujer, cosa por demás maravillosa, y no cualquier mujer, y no se limitó sólo a eso, puesto que el Gran Maestro aprovechó para empoderarla.

Este pasaje que hemos venido comentando, se sitúa geográficamente en el desierto, en la región de Sicar, un lugar que se caracterizaba porque sus habitantes rivalizaban con los judíos, un pueblo lejano a Jerusalén.

Jesucristo decide escoger a una mujer para enseñarle grandes verdades y esto en sí, ya era algo complicado para esos tiempos. Es importante recalcar que el sólo acto de que Jesucristo se comunicara directamente con esta mujer, ya en sí, era algo revolucionario, debido a que el Gran Maestro estaba quebrantando una de las tradiciones de los ancianos, la cual prohibía que Él pudiera hablar a solas con una mujer. ahora bien, como lo he comentado, no era cualquier mujer, puesto que muy probablemente tenía una reputación no muy aceptada por su forma de vida, lo podemos observar por la hora en la que se encontraba sacando agua del pozo, ya que no era algo regular que las mujeres fueran en ese horario, tal vez, era porque no se sentía cómoda haciéndolo, o porqueel rechazo de las otras mujeres se hacía presente cuando iban a sacar el agua del pozo. Entonces, ¿En qué pensaba Jesucristo? ¿Por qué no a algún rabí o doctor de la ley? ¿Por qué no a Juan, uno de sus discípulos más cercanos? ¿Por qué no en uno de sus eventos públicos, o, a un grupo reducido en una de las reuniones caseras? Podríamos pensar que sus doce discípulos hubieran sido una buena opción, en esos tiempos de intimidad que regularmente pasaban.

En el capítulo cuatro de Juan dice: «Justo en ese momento, volvieron sus discípulos. Se sorprendieron al ver que Jesús hablaba con una mujer, pero ninguno se atrevió a preguntarle. ¿Qué quieres de ella? o ¿Por qué le hablas?» (Juan 4:27). Un dato que debería despertar en nosotros una gran curiosidad es cuando el texto expresa que los discípulos -Se sorprendieron! Asunto más que curioso de parte de Jesucristo y sus discípulos, quienes no habían presenciado el acontecimiento. En cuanto a que Jesucristo "hablara" con una mujer a solas, es silencio histórico. Por lo registrado en las escrituras, podemos inferir, que fue un hecho que el mismo Señor se lo contó a Juan, ya que lo escribió a detalle en su Evangelio.

Por lo que leemos en la narrativa, la mujer era practicante de una religión; sus cuestionamientos y argumentos sobre el lugar y a quién adorar, fue una defensa de su fe, y eso implica cosas correctas e incorrectas de los que practican una religión; pero para millones de personas devotas de un credo, eso no le ha sido suficiente. Existen miles de religiones en el mundo, pero la mayoría poco funcionales; ya que el común denominador es la insatisfacción de sus adherentes, porque nada ni nadie puede saciar su sed espiritual. «... ¡Todo el que tenga sed» puede venir a mí!» (Juan 7:38).

La mujer de samaria tenía sed, mucha sed, su alma estaba sedienta y sus palabras lo expresan claramente. Cinco maridos no habían sido suficientes para saciarla, ni con el que se encontraba en ese momento. Su alma, como la de millones de practicantes de una religión, necesitaba "agua de vida". Los cristianos evangélicos juzgamos a la gente de otras religiones porque no conocen, ni viven en la verdad de Dios, aunque muchos de nosotros estamos en la misma condición. No hemos sido saciados realmente con el agua que "brota como manantial". Desde mi adolescencia lo he visto, cientos y miles que profesan la fe cristiana, buscan saciar su sed en mujeres u hombres para sentirse protegidos y acompañados; en la profesión, el dinero, los bienes materiales, poder, fama, popularidad, reconocimiento, amigos, amigas; pasando tiempo en cosas vanas y desgraciadamente una buen cantidad de ellos en todo tipo de adicciones.

Cuando era adolescente, me consideré practicante de una religión heredada, que aparentemente me satisfacía, fue en ese tiempo que me inquieté y entré en un proceso de inconformidad y búsqueda. Me confronté a mí mismo con el asunto de lo que leía en las Escrituras, lo que escuchaba desde el púlpito y lo que debía vivir en mi vida diaria; algunas cosas no me parecían congruentes y lo menos que deseaba era vivir insatisfecho y... desde esa tierna edad inicié mi proceso de reconversión.

Del punto de "El lugar no importa", el Señor aborda un asunto de mayor importancia al expresar: «...se acerca el tiempo y ahora es cuando los verdaderos adoradores...». Y ahora es, en este instante, de aquí en adelante y para siempre. Entonces, se sobreentiende que, si hay verdaderos adoradores, también hay falsos adoradores –parece ser que éstos últimos abundan, bueno, es una simple apreciación mía–. La pregunta que salta a mi mente es ¿Por qué falsos adoradores? ¡Porque no adoran al Dios verdadero ni lo conocen! ¿Qué tipo de adoradores lo hacen de forma correcta? Es el Dios eterno y verdadero quien se revela al alma que lo busca con una intención honesta ¡Lo podemos conocer a través de las Escrituras!

Ahora entendemos que el lugar es de valor relativo, pero es de suma importancia el Dios a quién se adora.

Jesucristo fue más que enfático con la mujer, cuando le dijo: «Pero se acerca el tiempo –de hecho, ya ha llegado–». No para el futuro, es de aquí en adelante. Entonces, ¿Qué ocurrió después de esa revelación? Él cierra "con broche de oro":

> «...los verdaderos adoradores adorarán al Padre en espíritu y en verdad. El Padre busca personas que lo adoren de esa manera. Dios es Espíritu, por eso todos los que lo adoran deben hacerlo en espíritu y en verdad» (Juan 4:23, 24).

Notemos la doble mención de la frase en "espíritu y en verdad", que Jesucristo pronuncia intencionalmente. Los verdaderos adoradores son aquellos que adoran desde lo profundo de su interior, o sea, en espíritu; expresando las características propias del fruto del Espíritu, por encima de sus reacciones emocionales o expresiones corporales.

> «En cambio, la clase de fruto que el Espíritu Santo produce en nuestra vida es: amor, alegría, paz, paciencia, gentileza, bondad, fidelidad, humildad y control propio. ¡No existen leyes contra esas cosas!». (Gálatas 5:22-23).

El resultado, un estilo de vida práctico, es decir, respaldado por valores eternos e intrínsecos, por ejemplo: la verdad, el respeto, la honestidad, la gratitud, la lealtad, la amistad, la tolerancia, la cortesía, la justicia entre otros; El espíritu del hombre centrado y concentrado absolutamente en la esencia o naturaleza de Dios, y, como lo declaró el discípulo amado, en su gloria manifestada.

«Entonces la Palabra se hizo hombre y vino a vivir entre nosotros. Estaba lleno de fidelidad y amor inagotable. Y hemos visto su gloria, la gloria del único Hijo del Padre» (Juan 1:14).

El Dios hecho hombre, quien es Espíritu, demanda adoración en espíritu... Pues el Señor es el Espíritu, y donde está el espíritu del Señor, allí hay libertad. Así que, todos nosotros, a quienes nos ha sido quitado el velo, podemos ver y reflejar la gloria del Señor. El Señor, quien es el Espíritu, nos hace más y más parecidos a él a medida que somos transformados a su gloriosa imagen» (2 Corintios 3:17, 18). Me gusta cómo lo dice Richard J. Foster en su libro Alabanza a la Disciplina: "La adoración es nuestra respuesta a las proposiciones de amor del Padre. Se enciende en nosotros sólo cuando el Espíritu de Dios toca el espíritu... no hemos adorado al Señor mientras su Espíritu no toque nuestro espíritu". A.W. Tozer–, hace años escribió algo y cuando lo leí se quedó grabado en mi corazón:

"No podemos adorar sólo en espíritu, porque el espíritu sin verdad está inerte".

¡Al Dios eterno y verdadero, en espíritu y en verdad es necesario que lo adoremos! No debemos olvidar que la adoración no sólo es un tiempo de éxtasis, sino un tiempo en el cual, día tras día, Su espíritu y Su verdad nos transforma de gloria en gloria.

Doy por finalizado este capítulo con un fragmento del libro "La Adoración: la Joya Perdida", escrito por Alan Brown:

> "La adoración es la respuesta humilde de amor a la grandeza del carácter de Dios y sus obras. La verdadera adoración produce un corazón transformado que conduce a la obediencia y el servicio".

La adoración es la prioridad suprema de la vida.

7
Adorar es servicio y sacrificio continuo

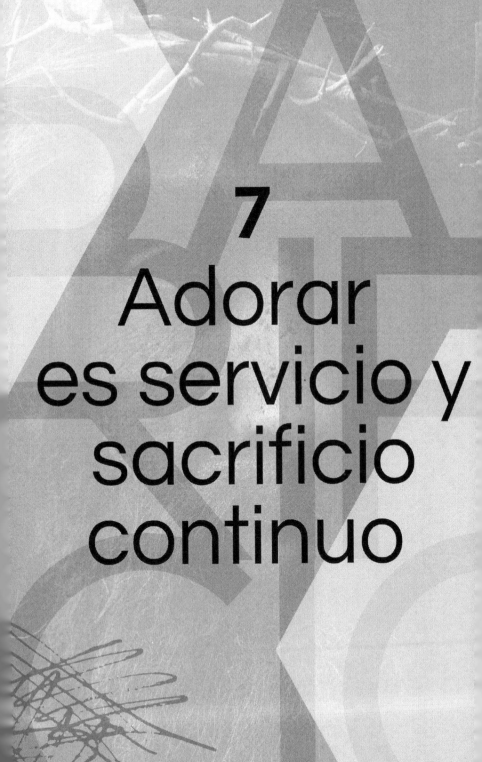

Adorar es servicio y sacrificio continuo

Durante las etapas de mi adolescencia y juventud temprana –tiempos aquellos en que la liturgia del culto era una dinámica ya usada por décadas–, participar con cantos especiales era algo que yo hacía regularmente. A finales de los años setenta, más o menos, comencé a dirigir himnos en la congregación local. La expresión "vamos a adorar" no era de uso común. No recuerdo haberla utilizado, ni oí a alguien que, al empezar una reunión, dijera: "Tomen sus Himnarios, vamos a adorar". Tampoco era normal que desde el púlpito, se expresaran declaraciones o enseñanzas que tuvieran que ver con el acto de adorar, fue a mediados de la década de los ochenta que, influenciados por una "ola inglesa y norteamericana", en México se fue adoptando una nueva terminología. Poco a poco este lenguaje se fue apropiando de un amplio sector de las iglesias pentecostales y carismáticas. Cómo olvidar un sin fin de congresos multitudinarios que se organizaron en esa época, con el énfasis principal de cómo adorar y cómo convertirnos en adoradores. De hecho, me tocó estar presente en algunos de ellos. El "boom" de la renovación de la adoración creó toda una expectativa y su propia doctrina. Predicaciones, conferencias, talleres sobre alabanza y adoración, fueron el pan de cada día. Tengo muy presente la canción "Un adorador" de Marcos Witt, una de sus interpretaciones más emblemáticas, a mediados de los ochenta, incluida en la producción titulada Adoremos, compuesta y producida por Juan Salinas. La letra dice:

Tú diste al hombre un lenguaje muy bello / Tú nos diste la música para adorarte / Estoy agradecido y quiero cantarte / Estoy agradecido y quiero adorarte / Yo quiero ser un adorador / Yo quiero ser un adorador / Contemplar la hermosura de tu santidad / Adorarte en Espíritu y en verdad / Yo quiero ser, Señor, un adorador.

Todo este maremoto informativo sobre la adoración era de temática novedosa, innovadora y hasta escritural; la mayoría de las veces fuimos empapados por esta ola de información. Quienes habíamos entrado en nuestra segunda década de vida fuimos los más entusiastas al principio. Hubo conceptos relacionados con esta información que se entendieron de una manera sesgada, mientras otras enseñanzas, en mi opinión, no fueron del todo correctas; porque mucho del énfasis en esos eventos eran las expresiones físicas de la adoración. Ciertamente, la adoración integral también incluye las manifestaciones corporales o físicas, y lo podemos constatar en casi todo el Antiguo Testamento.

Es interesante notar que fuera del evento con la mujer samaritana, no encontramos ningún pasaje en los Evangelios donde el Señor invite a la gente a adorar o convertirse en adoradores de la manera como se ha enfatizado por poco más de tres décadas. Jesucristo se enfocaba, en el establecimiento del reino de Dios, anunciar las buenas nuevas de salvación, mostrarnos al Padre, en el amar, servir y hacer discípulos.

La adoración jamás será verdadera y racional si no se transforma en actos de amor y servicio.

El mejor ejemplo que leemos en los Evangelios, es la vida y obra de Jesucristo.

¡Adorar, amar y servir van de la mano! En Marcos 10:42-45 leemos: «Así que Jesús los reunió a todos y les dijo:

> «Ustedes saben que los gobernantes de este mundo tratan a su pueblo con prepotencia y los funcionarios hacen alarde de su autoridad frente a los súbditos. Pero entre ustedes será diferente. El que quiera ser líder entre ustedes deberá ser sirviente, y el que quiera ser el primero entre ustedes deberá ser esclavo de los demás. Pues ni aun el Hijo del Hombre vino para que le sirvan, sino para servir a otros y para dar su vida en rescate por muchos».

Su amor absoluto por la humanidad lo llevó a ser un auténtico servidor, y con el servicio de su liderazgo llevaba implícito el propósito principal para lo cual vino a este mundo: la salvación del mundo entero. "Pues Dios amó tanto al mundo que dio a su único hijo, para que todo el que crea en él cree no se pierda, sino que tenga vida eterna". Juan 3:16.

Nuestro Señor no sólo se enfocó a instruir a sus discípulos y las multitudes que lo seguían, visitar el templo, confrontar a los fariseos y escribas, asistir a las sinagogas y enseñar sobre la Torá. Sus actividades tuvieron mucho que ver con sanar toda enfermedad y dolencias. Sus muestras de amor, justicia y servicio saltan a la vista durante todo su tiempo en la tierra, por lo tanto, la adoración siempre nos llevará a demostrar acciones de amor, compasión, perdón; conscientes de quién es Dios, quién es nuestro prójimo y cuál es el propósito para lo cual fuimos elegidos por el Señor: Adorar y servir.

«Cuando vio a las multitudes, les tuvo compasión, porque estaban confundidas y desamparadas, como ovejas sin pastor» (Mateo 9:36).

En los tiempos en que Jesucristo recorrió los territorios de Judea, Galilea y Jerusalén, el pueblo de Israel estaba oprimido por el Imperio romano; de la misma manera los líderes religiosos tenían a este pueblo sobrecargado de leyes que los mantenían atados al legalismo, tradición y religiosidad; y, además, sufrían mucha pobreza y enfermedades de todo tipo. La obra de Jesucristo a favor de los pobres y desprotegidos salta a la vista; el servicio y la compasión fueron sacrificios continuos de su vida.

No es que sea más o menos importante, pero no es común encontrar datos donde él nos describa algún patrón de enseñanza o recomendación en cuanto a nuevos modelos de adoración.

¡Qué bueno es no tener un prototipo rígido y dogmático, que podamos adoptar o adaptar como definitivo, para nuestros tiempos de adoración colectiva!

Hay suficientes referencias tanto en el Antiguo como en el Nuevo Testamento, en los cuales se dice que los sacrificios de animales, las ofrendas y las reuniones en el templo llegaron a cansar a Dios.

«Dejen de traerme sus regalos sin sentido. ¡El incienso de sus ofrendas me da asco! En cuanto a sus celebraciones de luna nueva, del día de descanso y de sus días especiales de ayuno, todos son pecaminosos y falsos. ¡No quiero más de sus piadosas reuniones! Odio sus celebraciones de luna nueva y sus festivales anuales; son una carga para mí. ¡No los soporto!» (Isaías 1:13,14). «Odio todos sus grandes alardes y pretensiones, la hipocresía de sus festivales religiosos y asambleas solemnes. No aceptaré sus ofrendas de grano. Ni siquiera prestaré atención a sus ofrendas selectas de paz. ¡Fuera de aquí con sus ruidosos himnos de alabanza! No escucharé la música de sus arpas» (Amós 5:21-23).

En casa de Simón el fariseo encontramos una escena de adoración digna de ser atendida, el atrevimiento de una mujer pecadora, considerada como una persona de mala vida y repudiada por la sociedad de aquel tiempo. La mujer se acercó llena de amor, valentía, humildad, fe, y en actitud de adoración a Jesucristo.

«Uno de los fariseos invitó a Jesús a cenar, así que Jesús fue a su casa y se sentó a comer. Cuando cierta mujer de mala vida que vivía en la ciudad se enteró de que Jesús estaba comiendo allí, llevó un hermoso frasco de alabastro lleno de un costoso perfume. Llorando, se arrodilló detrás de él a sus pies. Sus lágrimas cayeron sobre los pies de Jesús, y ella los secó con sus cabellos. No cesaba de besarle los pies y les ponía perfume. Cuando el fariseo que lo había invitado vio esto, dijo para sí: "Si este hombre fuera profeta, sabría qué tipo de mujer lo está tocando. ¡Es una pecadora!"» (Lucas 7:36-39).

La expresión "mujer pecadora" significaba prostituta, y por tal razón, sus acciones eran inadmisibles y reprobadas por el anfitrión religioso. Si con la mujer de la menospreciada Ciudad de Samaria Jesucristo inició una verdadera revolución de adoración, cuánto más al permitir que una prostituta besara sus pies, los secara con sus cabellos y le derramara un perfume de alto precio que, sin lugar a dudas, ella había adquirido con los recursos económicos de su actividad vergonzosa. Jesucristo dijo: «Te digo que sus pecados –que son muchos– han sido perdonados, por eso ella me demostró tanto amor...» (Lucas 7:47).

Conociendo los pensamientos maliciosos, egoístas y perversos que Simón el fariseo tenía, tanto de Jesucristo como de la mujer pecadora, el Señor relató una parábola de dos deudores, y, frente a las actitudes de la mujer agradecida, confrontó al religioso.

«Luego se volvió a la mujer y le dijo a Simón: Mira a esta mujer que está arrodillada aquí. Cuando entré en tu casa, no me ofreciste agua para lavarme el polvo de los pies, pero ella los lavó con sus lágrimas y los secó con sus cabellos. Tú no me saludaste con un beso, pero ella, desde el momento en que entró no ha dejado de besarme los pies. Tú no tuviste la cortesía de ungir mi cabeza con aceite de oliva, pero ella ha ungido mis pies con un perfume exquisito» (Lucas 7:44,45).

Es sorprendente el descuido, el olvido y el quebranto consciente de las normas más elementales de la cortesía humana ante la presencia del Hijo de Dios, y el cuidado mal intencionado por guardar las apariencias externas, pero con una mente y corazón abominables, tal como lo demostró Simón el fariseo. La forma en que

Jesucristo amaba y servía a todos sin acepción de personas, siendo la vida misma de Jesucristo una obra de continua adoración al Padre.

Un rabino judío nunca hubiera contaminado sus vestiduras ni su reputación, al permitir ser tocado por una mujer tan inmoral y rechazada tanto por hombres piadosos y guardadores de la ley. Pero Jesucristo, Maestro de maestros, al entrar en contacto con los pecadores y pecadoras estaba rompiendo las barreras raciales, religiosas, éticas, sociales y de género. Para confirmar lo que ya he escrito, y alentar a los potenciales adoradores, cito lo que el apóstol Pablo dijo: «Ya no hay judío ni gentil, esclavo ni libre, hombre ni mujer, porque todos ustedes son uno en Cristo Jesús. Y ahora que pertenecen a Cristo, son verdaderos hijos de Abraham. Son sus herederos, y la promesa de Dios a Abraham les pertenece a ustedes» (Gálatas 3:28,29).

Yo era un adolescente cuando fui marcado por los ejemplos de mi padre, el cuñado Isaac y la hermana Panchita Rivera, en todo aquello relacionado con la adoración a Dios. Ellos me empujaron desde entonces a imitarlos, no sólo por sus palabras de reconocimiento a Dios, sino por su forma de amar y servir a los demás. Mi progenitor, siempre dispuesto a servir en las misiones de los pueblos cercanos a Hermosillo, estado de Sonora; y también apoyando las iglesias nacientes en la ciudad. Junto con mi hermano Luis Enrique lo acompañábamos y cantábamos en cada reunión y, en lo personal, yo tomaba nota de cada acto de servicio al prójimo de mi padre.

Tuve la oportunidad de observar a la hermana Panchita Rivera servir sin miramientos; fue una mujer digna de admirar, por sus múltiples facetas de servicio que la empoderaban como una verdadera adoradora.

El siguiente pasaje de las Escrituras me ha inquietado durante muchos años, y lo considero un estandarte con el cual mantengo un tenor de vida congruente cuando adoro a Dios y sirvo al prójimo.

«Cuando el Hijo del Hombre venga en su gloria acompañado por todos los ángeles, entonces se sentará sobre su trono glorioso. Todas las naciones se reunirán en su presencia, y él separará a la gente como un pastor separa a las ovejas de las cabras. Pondrá las ovejas a su derecha y las cabras a su izquierda. Entonces el Rey dirá a los que estén a su derecha: "Vengan ustedes, que son benditos de mi Padre, hereden el reino preparado para ustedes desde la creación del mundo. Pues tuve hambre, y me alimentaron. Tuve sed, y me dieron de beber. Fui extranjero, y me invitaron a su hogar. Estuve desnudo, y me dieron ropa. Estuve enfermo, y me cuidaron. Estuve en prisión, y me visitaron". Entonces esas personas justas responderán: "Señor, ¿en qué momento te vimos con hambre y te alimentamos, o con sed y te dimos algo de beber, o te vimos como extranjero y te brindamos hospitalidad, o te vimos desnudo y te dimos ropa, o te vimos enfermo o en prisión, y te vestimos?". Y el Rey dirá: "Les digo la verdad, cuando hicieron alguna de estas cosas al más insignificante de estos, mis hermanos, ¡me lo hicieron a mí!"» (Mateo 25:31-40).

La vida cristiana debe ser una demostración constante de amor y servicio. La adoración es amar al Señor con todo el corazón, con toda el alma, con toda la mente y con todas nuestras fuerzas; servir al prójimo siempre será un fruto del amor y, por tanto, una acción que también glorifica a Dios.

De 1998 a 2010 formé parte de un equipo de personas, quienes trabajamos arduamente atendiendo a niños de la calle, en una correccional de menores, en un internado de gobierno y casas hogar. Hubo gente que nos apoyó de manera regular; algunos cooperaban en ciertas ocasiones; otros lo hicieron por varios años de forma constante. Pero quienes jamás ayudaron fueron los más críticos de lo que hacíamos. Mi memoria me hace recordar algunos comentarios recurrentes de algunas personas en la labor que hacíamos: No es por obras, pobres siempre habrá entre ustedes, el cielo ya lo tenemos ganado, ¿qué pecados estás pagando?.

Hay creyentes que son inútilmente bíblicos. Estoy convencido que la salvación es un regalo y bendición de parte de Dios por medio de Jesucristo, y no por las "buenas" obras humanas, eso lo tengo claro como el agua que brota de un manantial.

Es imposible impresionar a Dios, pero sí es posible agradarlo y honrarlo con nuestra disposición para servir como Él sirvió.

Un pasaje de las Escrituras parece ser contradictorio, y que el mismo Martín Lutero no estaba de acuerdo con la forma como lo escribió Santiago. Te pido que lo leas de manera literal y luego hagas una reflexión racional sobre estos versículos:

«Amados hermanos, ¿de qué sirve a uno decir que tiene fe si no lo demuestra con sus acciones? ¿Puede esa clase de fe salvar a alguien? Supóngase que ven a su hermano o una hermana que no tiene qué comer ni con qué vestirse y uno de ustedes le dice: "Adiós, que tengas un buen día; abrígate mucho y aliméntate bien", pero no le da ni alimento ni ropa. ¿Para qué sirve? Como pueden ver, la fe por sí sola no es suficiente. A menos que produzca buenas acciones, está muerta y es inútil. Ahora bien, alguien podría argumentar: "Algunas personas tienen fe; otras, buenas acciones". Pero yo les digo: ¿Cómo me mostrarás tu fe si no haces buenas acciones? Yo les mostraré mi fe con mis buenas acciones» (Santiago 2:14-18).

Adorar y servir van de la mano y esta dinámica nunca será posible sin el sacrificio continuo.

«Por lo tanto, amados hermanos, les ruego que entreguen su cuerpo a Dios por todo lo que él ha hecho a favor de ustedes. Que sea un sacrificio vivo y santo, la clase de sacrificio que a él le agrada. Esa es la verdadera forma de adorarlo» (Romanos 12:1). El sacrificio de Jesucristo fue más que suficiente. No debemos hacer nada para ganarnos su favor, cosa por demás imposible. Muchos crédulos lo pretenden y, por lo general, sus intentos les producen angustias innecesarias. No debemos buscar la gracia, la cual ya tenemos; y aun las misericordias de Dios son nuevas cada día. «¡El fiel amor del Señor nunca se acaba! Sus misericordias jamás terminan. Grande es su fidelidad; sus misericordias son nuevas cada mañana» (Lamentaciones 3:22,23).

Debemos anhelar la congruencia entre el ser y el hacer, es decir, lo que somos y nuestras acciones; la concordancia de las apariencias y la esencia interna; una relación inalterable de las formas y el contenido; pues todo esto tiene vínculos con la honra, lealtad, agradecimiento y alabanza continua a Dios. Es la vida transformada lo que sacrificamos para Dios; y nuestro placer y bendición es buscar primero su reino y su justicia, porque así es como hacemos la voluntad de Él.

«No imiten las conductas ni las costumbres de este mundo, más bien dejen que Dios los transforme en personas nuevas al cambiarles la manera de pensar. Entonces aprenderán a conocer la voluntad de Dios para ustedes, la cual es buena, agradable y perfecta» (Romanos 12:2).

El compromiso de vivir para lo eterno debería ser nuestro deseo. Cuando me invitan a cantar y predicar, algunas veces utilizo en son de broma –pero tiene mucho de verdad–, una analogía en cuanto al peso de un micrófono con el peso de un alma. Un micrófono promedio pesa unos cuantos gramos, pero cumplir la Gran Comisión de ir y hacer discípulos implica invertir tiempo, recursos financieros, materiales, pero sobre todo, sacrificio para despojarnos de cosas básicas de primera necesidad, para ir y hacer las obras de carácter social en beneficio de los más vulnerables, tal como Juan el Bautista se lo dijo a las multitudes que profesaban una fe ya un tanto diluida cuando él aparece en escena y empieza a pregonar la necesidad de arrepentirse y volverse a Dios. «Las multitudes preguntaron: ¿Qué debemos hacer? Juan contestó: Si tienes dos camisas, da una a los pobres. Si tienes comida, comparte con los que tienen hambre» (Lucas 3:10,11).

La historia del buen samaritano –narrada por nuestro Señor y Salvador Jesucristo– es un claro ejemplo de cuando nuestras prioridades son las penas de mi prójimo, y mis propiedades sirven para compartirlas con él en el momento que más lo necesita.

«Jesús respondió con una historia: Un hombre judío bajaba de Jerusalén a Jericó y fue atacado por ladrones. Le quitaron la ropa, le pegaron y lo dejaron medio muerto al costado del camino. Un sacerdote pasó por ahí de casualidad, pero cuando vio al hombre en el suelo, cruzó al otro lado del camino y siguió de largo. Un ayudante del templo pasó y lo vio allí tirado, pero también siguió de largo por el otro lado. Entonces pasó un samaritano despreciado y, cuando vio al hombre, sintió compasión por él. Se le acercó y le alivió las heridas con vino y aceite de oliva, y se las vendó. Luego subió al hombre en su propio burro y lo llevó hasta un alojamiento, donde cuidó de él. Al día siguiente, le dio dos monedas de plata al encargado de la posada y le dijo: "Cuida de este hombre. Si los gastos superan esta cantidad, te pagaré la diferencia la próxima vez que pase por aquí"» (Lucas 10:30-35).

Esta narración que acabamos de leer, así como las que ya he mencionado en líneas anteriores, despiertan en mí cada vez un mayor sentido de asombro por las actitudes contrastantes de religiosos elitistas, clasistas y legalistas, y las virtudes de quienes son menospreciados por su falta de pureza según la élite dominante. Para poner en perspectiva la importancia de las acciones del samaritano tan menospreciado por los judíos, hagamos la siguiente paráfrasis: Unos amantes de lo ajeno se toparon con un hombre judío y le dijeron: "¡Arriba las manos, no se mueva, esto es un asalto; todo lo tuyo es nuestro! Le quitaron lo que llevaba de valor, lo golpearon y ahí lo dejaron más muerto que vivo. Luego, por pura chiripada, pasó junto al herido un ministro, de esos encargados de acercar a los necesitados con Dios, pero esta vez no le pegó la gana de brindar los primeros auxilios, ni hacer la oración intercesora por el enfermo, y siguió por su camino ya que se le hacía tarde para llegar a oficiar las ceremonias dentro del templo de Jerusalén, y recibir la parte correspondiente de su ofrenda. Enseguida Un ayudante del templo, o sea, uno a quien llaman levita, quien ostenta el cargo y encargo de cuidar que la alabanza y la adoración en las reuniones sea con la calidad de voces privilegiadas, aparatos de sonido de buena marca, instrumentos musicales bien afinados y una ambientación de luces fluorescentes para la celebración, pero este artista tampoco hizo nada para favorecer al mal herido e imitando el ejemplo de su pastor, cruzó al otro lado de la vereda y siguió de largo. Éstos son dos tipos de líderes religiosos representantes de todos aquellos que presumen ser muy espirituales, fueron indolentes y sin un mínimo de sentido humano, quienes le dicen al necesitado: "Los problemas tuyos son sólo tuyos y las bendiciones nuestras son solamente nuestras". Mientras el judío agonizaba, de manera providencial y oportuna pasó por el lugar un menospreciado samaritano que, sintiendo compasión por su rival judío, le dijo: "No te preocupes mi hermano, porque ahora tus necesidades son mías, y mis recursos son tuyos y, personalmente, voy a cuidar de ti hasta tu completa recuperación".

«Por lo tanto, por medio de Jesús, ofrezcamos un sacrificio continuo de alabanza a Dios, mediante el cual proclamamos nuestra lealtad a su nombre» (Hebreos 13:15). La alabanza continua se manifiesta en todo lo que somos y hacemos para Dios, se traduce en bendición para nosotros y para los demás. La alabanza permanente en nuestros labios y nuestras acciones siempre honrarán a nuestro Creador, e impactarán la vida de otros. Quizá por eso el escritor de la carta a los hebreos nos sigue diciendo: «Y no se olviden de hacer el bien ni de compartir lo que tienen con quienes pasan necesidad. Estos son los sacrificios que le agradan a Dios» (Hebreos 13:16).

Adorar es reflejar actos de misericordia hacia el prójimo.

Cantar es bueno, tocar con excelencia es maravilloso, dar gritos de júbilo, danzar y cualquier expresión de alabanza es edificante para el alma, siempre y cuando estos hábitos se traduzcan en acciones de sacrificio continuo. Hay quienes creen, basados en una enseñanza incorrecta, que el "sacrificio de alabanza" consiste en asistir a la iglesia, cantar y levantar las manos a pesar de nuestro cansancio físico. El sacrificio de alabanza que glorifica al Padre, es salir de nuestra zona de confort de las cuatro paredes del templo y recorrer calles, aldeas, ciudades, visitando casas, compartir tiempo, vida y nuestra economía. La comúnmente llamada Iglesia primitiva tenía este mismo perfil que la hacía única.

En Hechos 2:44 dice: «Todos los creyentes se reunían en el mismo lugar y compartían todo lo que tenían».

El sacrificio de Jesucristo en la cruz es suficiente para quitar los juicios y la ira de Dios sobre la humanidad incrédula ¡Él nos hizo libres!, nos dio vida y esperanza. Cualquier "sacrificio" de adoración que nosotros hagamos jamás será comparable al suyo; pero el Señor nos demanda honrarlo y servirlo, lo cual es un privilegio y una bendición para un adorador.

Ser un verdadero adorador, discípulo obediente y servidor de Jesucristo, jamás será un yugo pesado y difícil de cargar.

8

El adorador vive agradecido

8

El adorador vive agradecido

«Oh, Señor, ¿hasta cuándo te olvidarás de mí? ¿Será para siempre? ¿Hasta cuándo mirarás hacia otro lado? ¿Hasta cuándo tendré que luchar con angustia en mi alma, con tristeza en mi corazón día tras día? ¿Hasta cuándo mi enemigo seguirá dominándome? Vuélvete hacia mí y contéstame, ¡oh Señor, mi Dios! Devuélveme el brillo a mis ojos, o moriré. No permitas que mis enemigos se regodeen diciendo: ¡Lo hemos derrotado! No dejes que se regodeen en mi caída. Pero yo confío en tu amor inagotable; me alegraré porque me has rescatado. Cantaré al Señor porque él es bueno conmigo» (Salmos 13).

Somos seres humanos con un espíritu eterno, pero frágiles físicamente, lo hemos visto desde nuestra infancia, en alguna etapa de nuestra vida, sea directa o indirectamente, hemos pasado por pruebas, angustias, dificultades, temor y dolor indecible. No son pocas las personas que he escuchado en público o en privado, las cuales, después de un proceso difícil, pudieron salir victoriosos y expresan: "fui pasado por fuego". Podremos pensar: ¿Pasado por fuego? ¿No estará exagerando?, pero algunas personas definitivamente han tenido esa experiencia. Hace algunos años leí un libro escrito por el Dr. James Dobson, titulado: "Cuando lo que Dios hace no tiene sentido". En la vida hemos experimentado situaciones mediante las cuales nos contrariamos y en medio de las dificultades es común llegar a tener ciertas interrogantes, tales como: ¿A dónde nos llevará este tiempo de dolor y angustia? ¿Dónde está Dios en todo ello? En las Escrituras leemos historias relacionadas con la vida de personajes, hombres y mujeres de fe, que durante sus procesos de vida tuvieron sus cuestionamientos.

«Por la fe esas personas conquistaron reinos, gobernaron con justicia y recibieron lo que Dios les había prometido. Cerraron bocas de leones, apagaron llamas de fuego y escaparon de morir a filo de espada. Su debilidad se convirtió en fortaleza. Llegaron a ser poderosos en batalla e hicieron huir a ejércitos enteros. Hubo mujeres que recibieron otra vez con vida a sus seres queridos que habían muerto. Sin embargo, otros fueron torturados, porque rechazaron negar a Dios a cambio de la libertad. Ellos pusieron su esperanza en una vida mejor que viene después de la resurrección. Algunos fueron ridiculizados y sus espaldas fueron laceradas con látigos; otros fueron encadenados en prisiones. Algunos murieron apedreados, a otros los cortaron por la mitad con una sierra y a otros los mataron a espada. Algunos anduvieron vestidos con pieles de ovejas y cabras, desposeídos y oprimidos y maltratados. Este mundo no era digno de ellos. Vagaron por desiertos y montañas, se escondieron en cuevas y hoyos de la tierra» (Hebreos 11:33-38).

Quizá fue a principios del año 2000 cuando adquirí el libro "Locos por Jesús", en el cual, leí una recopilación de testimonios de cristianos que en siglos pasados y algunos en décadas recientes, padecieron y murieron a causa de su fe; de hecho éste libro se compone de dos tomos, y algunos de estos testimonios son verdaderamente desgarradores.

En los primeros años del siglo pasado los cristianos evangélicos padecieron sufrimientos a causa de su fe, muchos de ellos registrados en la historia de México. En los últimos cincuenta años la intolerancia religiosa ha disminuido considerablemente, pero hay estados de nuestra República en que persiste. Cierto, nuestra fe ha sido probada de muchas otras maneras, pero al final del túnel siempre salimos fortalecidos, podemos cantar una canción de alabanza, paz y agradecimiento.

Hace algunos años la familia Espinosa Miranda sufrió un tiempo de pesar y dolor. Nuestra madre María Célida Miranda, fue diagnosticada de cáncer, el cual, hizo mella hasta los últimos meses de sus cuarenta y ocho años de vida. A pesar de la difícil condición de salud, ella siempre mantuvo su fe, abrazaba la esperanza y se fortalecía en ella, no perdió su sonrisa, pero en medio del proceso hubo días de pesar y angustia. Dos días antes de fallecer, a petición de ella, regresé a casa; después de visitar algunas entidades federativas de la República Mexicana cantando, acompañando a un líder territorial, de la denominación a la que pertenecí.

La condición física de mi madre había menguado terriblemente. La noche que llegué, me ubiqué un poco fuera de su recámara y lloré con ese dolor que hace pedazos el alma. Ella entre abría levemente sus ojos; desde el sillón donde estaba postrada me dirigía su mirada y, con su voz ya muy cansada, me decía: "Pacco, vete a dormir mijo, ve a descansar".

Estuve toda la noche velándola, haciéndome cientos de preguntas. Al otro día por la mañana, volví a su recámara y me tocó experimentar de parte de ella un momento de crisis emocional; bajo esas condiciones pronunció unas palabras que rasgaron mi alma, que por algunos años al recordarlas me hacían llorar y arder de coraje; sus palabras fueron:

"Pacco, ¿Por qué Dios no me sana?, sé que lo puede hacer, se lo he pedido muchas veces. Los doctores no pueden hacer nada, pero Él lo puede hacer".

Todo eso me lo dijo aferrada a mi antebrazo y llorando con abundantes lágrimas. Mi alma entera se llenó de angustia de una manera que jamás había sentido a mis escasos veinte seis años. Para cambiar un poco el trance que mi madre atravesaba, le comenté de un canto basado en las escrituras que había aprendido mientras anduve viajando. Se lo canté varias veces, hasta lograr que ella cantara conmigo. Su semblante cambió y el mal momento pasó. El canto basado en las escrituras dice:

Los que esperan, los que esperan en Jehová.
Los que esperan, los que esperan en Jehová.
Como las águilas, como las águilas sus alas levantarán.
Como las águilas, como las águilas sus alas levantarán.

El tiempo de angustia, dolor y tristeza no sólo fue para mí, también lo fue por supuesto para mis hermanos y nuestro padre; y a pesar de las promesas tan maravillosas de Jesucristo, el duelo por la separación de nuestra madre duró meses; aunque para mí, después de treinta años, el recuerdo de ella permanece intacto, así como, el dolor y pesar, sentimientos que remueven lo más profundo de mis entrañas. Pero creo en las palabras del Señor, cuando dijo: «...Yo soy la resurrección y la vida. El que cree en mí vivirá aún después de haber muerto» (Juan 11:25).

Son bastantes los Salmos que nos hablan de la fugacidad del hombre, de sus angustias y temores; pero también nos enseñan que la intervención divina nos acompaña al atravesarlos, así como el salmista lo escribe en los últimos versículos del Salmo 13: «Pero yo confió en tu amor inagotable; me alegraré porque me has rescatado. Cantaré al Señor porque él es bueno conmigo».

Honrar, exaltar, reconocer y vivir agradecido dice mucho, a aquellos que se consideran adoradores.

La gratitud es una característica de vital importancia en el carácter del adorador.

Dar gracias al Señor por la vida, la salvación, su amor, misericordia, los talentos y sus dones debe ser una constante. La posibilidad de llegar a la casa de Dios y celebrarlo dobo ser el común denominador de un adorador. El rey David escribió varios Salmos, con los cuales millones de personas hemos sido bendecidos, fortalecidos, alentados, nos hemos alimentado de esperanza. Los primeros cinco versículos del Salmo 103 dicen:

«Que todo lo que soy alabe al Señor; con todo el corazón alabaré su santo nombre. Que todo lo que soy alabe al Señor; que nunca olvide todas las cosas buenas que hace por mí. Él Perdona todos mis pecados y sana todas mis enfermedades. Me redime de la muerte y me corona de amor y tiernas misericordias. Colma mi vida de cosas buenas; ¡mi juventud se renueva como la del águila!» (Salmos 103:1-5).

Hay tanto que escudriñar en estos versículos, pero me abocaré a la siguiente porción: «Que nunca olvide todas las cosas buenas que hace por mí». Es común mirar a muchos adoradores olvidar que Dios ha sido bueno con ellos por su amor, gracia, bondad y misericordia. Él nos ha bendecido con paz y provisión en los tiempos de necesidad y enfermedad. El rey David, consciente de cómo nuestra alma fácilmente olvida todo lo recibido de parte de Dios, nos enseña a decir: "Alma mía, nunca, nunca, nunca te olvides de todas las cosas buenas que Dios ha hecho a favor tuyo".

He tenido la oportunidad de conocer a cristianos que se lamentan por nimiedades, sin comprender el significado de adoración; los vemos levantar sus manos, sonreír mirando al cielo, en "adoración" al cantar, aplaudir y danzar con singular alegría, así como, reír, llorar y gritar eufóricamente, pero a la menor situación que les arroja la vida, ya sea, una crisis económica, la relación de pareja, o hijos, permiten que su corazón se enferme y olvidan las bondades divinas, decidiendo transitar por el camino fácil de renegar de Dios, guardar silencio ante él, negando la oportunidad de afirmar su fe ante la crisis, la pérdida o fracaso.

Comprender los principios fundamentales con el que el Ser supremo estableció la vida es básico. Éstos operan de dos formas: hay situaciones que llegan por arbitrariedad de la historia o el presente de las personas que convergen con nuestra vida, las cuales son eventos trágicos o difíciles que no dependen de nuestras decisiones; y la segunda, aquellas que son el resultado de nuestras malas decisiones, de lo cual nos habla la Ley de la siembra y la cosecha.

El adorador es agradecido y celebra cada día, porque cada día es una oportunidad para vivir, disfrutar Su amor y misericordia; y eso no es poca cosa. El salmista lo escribió de una manera sencilla y clara: Es bueno dar gracias al Señor, cantar alabanzas al altísimo. Es bueno proclamar por la mañana tu amor inagotable y por la noche tu fidelidad. (Salmo 92:1-2). La gratitud es una virtud ausente en alma de creyentes y no creyentes; lo he visto en gente que se cree merecedora a causa de todos sus logros. El agradecimiento es el resultado de comprender quién es Dios, y todo lo que obra en favor de nosotros, éste, se hace evidente a través de acciones; el verdadero adorador lo entiende o debería entenderlo a la perfección. Las Escrituras son herramientas que nos muestran del poder y la grandeza de Dios. Su Espíritu en nosotros revela a nuestro espíritu y podemos disfrutar de su vida en abundancia. Las experiencias propias de la presencia de Dios, día a día potencializan nuestras posibilidades de disfrutar sus promesas de paz y esperanza. La conciencia y convicción de que Él es todo y que lo llena todo, nos mueve a agradecerle y, consecuentemente, la adoración cobra relevancia.

En términos generales los seres humanos son agradecidos con Dios o con la vida, si todo va tambor batiente; si el velero avanza viento en popa; si el cielo es azul claro y el arco iris lo pinta de colores con todo su brillo y esplendor. Es en esos tiempos y bajo dichas circunstancias, cuando nuestra adoración se vuelve excelsa y expresiva. Es bueno agradecer y adorar mientras estamos en bonanza, claro que sí; pero a todos o a la mayoría nos llegan momentos de tormenta y vientos contrarios; adversidad, temor, tragedia, desventura y escasez pueden agobiarnos de repente; pero la palabra de Dios es más poderosa para fortalecernos.

«Aunque las higueras no florezcan y no haya uvas en las vides, aunque se pierda la cosecha de oliva y los campos queden vacíos y no den fruto, aunque los rebaños mueran en los campos y los establos estén vacíos, «¡aun así me alegraré en el Señor! ¡Me gozaré en el Dios de mi salvación!» (Habacuc 3:17,18).

Desde que tengo uso de razón, ¡No recuerdo cuántas veces he atravesado momentos de necesidad, angustias, desesperación, aflicción y de temor! Créanmelo, han sido algunos.

Desde mis tiernos ocho años empecé a ser consciente de que algo incorrecto sucedía en mi entorno. En mi adolescencia comprendí que mi "mundo de caramelo" no era tan dulce; y que la vida sería un reto. En mi adultez he tomado decisiones por mi cuenta, afrontando todas las consecuencias implicadas; a través de las cuales, crecí, aprendí, maduré y comprendí que las cosas en el mundo natural debemos enfrentarlas nosotros; y que Dios es quien se encargará de lo sobrenatural. Es por eso que el profeta Habacuc enfatiza: «¡aun así me alegraré en el Señor! ¡Me gozaré en el Dios de mi salvación!» Todos los creyentes debemos alegrarnos en el Señor, quien salva, sostiene y conforta nuestras almas. ¡Seamos verdaderos adoradores llenos de alabanzas, de gratitud antes, durante y después de cualquier prueba!

Ser agradecido debe ser una de las características más evidentes de un adorador. Algunos tardamos en entenderlo y vivirlo, pero es posible lograrlo. Santiago lo escribe así:

> «Amados hermanos, cuando tengan que enfrentar cualquier tipo de problemas, considérenlo como un tiempo para alegrarse mucho porque ustedes saben que, siempre que se pone a prueba la fe, la constancia tiene una oportunidad para desarrollarse... Dios bendice a los que soportan con paciencia las pruebas y las tentaciones, porque después de superarlas, recibirán la corona de vida que Dios ha prometido a quienes lo aman» (Santiago 1:2-4, 12).

Todos en algún momento somos puestos a prueba o tentados, es parte de vivir en este mundo terrenal y de su cotidianidad. Jesucristo fue claro en este punto. Es garantía que mientras vivamos en este mundo, los afanes, las pruebas y las tentaciones serán parte de lo que todo el ser humano tiene que vivir. "Les he dicho todo lo anterior para que en mí tengan paz. Aquí en el mundo tendrán muchas pruebas y tristezas; pero anímense, porque yo he vencido al mundo". Juan 16:33. El pasaje nos muestra que es inevitable el pasar aflicciones en este mundo, pero al igual que la vida, las aflicciones son temporales, dependerá de nosotros con qué actitud las atravesemos.

Nuestra fe y confianza en Dios son las llaves con las cuales nuestras tristezas se convierten en gozo, la escasez en abundancia, la tormenta en bonanza, el conflicto en paz, el llanto en risas, la debilidad en fortalezas y lo divino se fusiona con lo humano.

Cuando el apóstol Pablo pasaba por una aflicción, nos dejó escrito el siguiente mensaje:

«En tres ocasiones distintas, le supliqué al Señor que me la quitara. Cada vez él me dijo: "Mi gracia es todo lo que necesitas; mi poder actúa mejor en la debilidad". Así que ahora me alegra jactarme de mis debilidades, para que el poder de Cristo pueda actuar a través de mí. Es por esto que me deleito en mis debilidades, y en los insultos, en privaciones, persecuciones y dificultades que sufro por Cristo. Pues cuando soy débil, entonces soy fuerte» (2 Corintios 12:8-10).

El salmista escribió:

«Mi corazón está confiado en ti, oh Dios; ¡con razón puedo cantar tus alabanzas con toda el alma! ¡Despiértense, lira y arpa! Con mi canto despertaré al amanecer. Te daré gracias, Señor, en medio de toda la gente; cantaré tus alabanzas entre las naciones. Pues tu amor inagotable es más alto que los cielos; tu fidelidad alcanza las nubes. Exaltado seas, oh Dios, por encima de los cielos más altos. Que tu gloria brille sobre toda la tierra» (Salmos 108:1-5).

Cualquier realidad no esperada, sacude nuestra fe, son en eso momentos que uno debe ponerse en pie y exclamar: ¡Señor, gracias! No dejes de ser un adorador agradecido cada día durante la mañana, en la tarde y por la noche. Así lo hacía el rey David, cantando «Mañana, tarde y noche clamo en medio de mi angustia, y el Señor oye mi voz» (Salmos 55:17). Una de mis canciones preferidas, compuesta por Jesús Adrián Romero, dice:

> Cada mañana al despertar / y por la noche al descansar / agradezco tus bondades a mi vida / por todo lo que me permites disfrutar / Aleluya, aleluya, aleluya / Agradecido estoy por tu bondad.

En estos tiempos que nos encontramos viviendo, es evidente que no siempre logramos acuñar esa expresión de "Cada mañana", puesto que, la dinámica .y velocidad con la cual vivimos nuestros días, nos lleva a no siempre despertar con las condiciones que nos permitan lograr expresarla, aunque por otro lado, es evidente que se trata de ir desarrollando una disciplina.

Job es el clásico ejemplo de un adorador pasado por pruebas de fuego, al perder sus riquezas materiales, y sufrir la muerte de sus hijos e hijas.

> «Job se levantó y rasgó su vestido en señal de dolor; después se rasuró la cabeza y se postró en el suelo para adorar y dijo: "Desnudo salí del vientre de mi madre, y desnudo estaré cuando me vaya. El Señor me dio lo que tenía, y el Señor me lo ha quitado. ¡Alabado

sea el nombre del Señor!". A pesar de todo, Job no pecó porque no culpó a Dios» (Job 1:20-22).

Quejarse trae pesar, aflicción y ansiedad, además de días de insomnio, arranques de ira y amargura en el corazón. Lo digo basado en mi propia experiencia de años pasados. Nuestro padre terrenal nos enseñó a dar gracias siempre. Él perteneció a una familia, en la cual, su padre los abandonó a su suerte; mi abuela y cada uno de sus hijos tuvieron que atravesar los días malos. Mi padre cuando terminó sus estudios decidió dejar su ciudad natal y aventurarse, yéndose de su tierra y parentela a otro lugar donde Dios lo engrandeció después de pasar un sinfín de vicisitudes. No fue perfecto, pero si un hombre de fe que en medio de las adversidades, esperó y confió en Dios hasta las horas antes de su muerte. El tiempo de su convalecencia yo estaba en Ciudad de México terminado mi segunda producción musical, mi hermana Cecilia me localizó y me dijo -tienes que venirte... mi papá está hospitalizado y muy mal-. Pasaron algunos días, y para cuando llegué a la ciudad, él había fallecido. Su ejemplo de vida marcó mi existencia en este mundo. Su cardiólogo me dijo con gran admiración -Tu padre después de cada crisis expresaba: todo estará bien, Dios tiene todo en control-. Una actitud de agradecimiento traerá paz, gozo y contentamiento. Es revelador comprender que una actitud tan sencilla como el agradecimiento, puede marcar la vida de aquellos que nos rodean, como la de aquel doctor. Tengámoslo siempre presente, además, es muy simple decir gracias Dios, gracias por la vida, gracias por cada momento vivido; son pocas letras, pero significan mucho cuando son dichas de corazón y con sinceridad.

Adoración y Música

¡El adorador vive agradecido cada minuto, los siete días de la semana, los doce meses del año y hasta donde Dios le permita vivir!

9

Los ritos no producer adoración

9
Los ritos no producen adoración.

« Y, en lugar de adorar al Dios inmortal y glorioso, rindieron culto a ídolos que ellos mismos se hicieron con forma de simples mortales, de aves, de animales de cuatro patas y de reptiles» (Romanos 1:23).

Desde el principio de la humanidad, según la historia, existen registros de lugares, personajes y eventos donde se describen prácticas místicas o ceremonias religiosas de adoración, tanto al Dios verdadero, como a falsos dioses.

«Ellos conocen la verdad acerca de Dios, porque él se la ha hecho evidente. Pues, desde la creación del mundo, todos han visto los cielos y la tierra. Por medio de todo lo que Dios hizo, ellos pueden ver a simple vista las cualidades invisibles de Dios: su poder eterno y su naturaleza divina. Así que no tienen ninguna excusa para no conocer a Dios» (Romanos1:19-20).

En las tres religiones monoteístas, judaísmo, cristianismo, islamismo y on las principales religiones politeístas, las personas practicantes utilizan símbolos y rituales en los oficios del culto, que por siglos han sido heredados o impuestos durante generaciones; aunque hay quienes profesan una creencia por experiencias, voluntad y decisión propias; mientras otros han adoptado un conjunto de ritos y protocolos, mediante los cuales intentan satisfacer las necesidades de sus almas.

En lo personal he visto que lo mecánico y "ortodoxo" exaltan más las formas o las apariencias, pero, invariablemente, en muchas ocasiones apagan el espíritu y la esencia de la adoración; algunas de ellas me parecen un tanto exageradas, cansadas y aburridas.

Se entiende que a lo largo del tiempo, hemos ido sacralizando liturgias que no debíamos, y muchas, nada escriturales, aunque entiendo que es obvio que debe haber programas establecidos, pero por qué establecerlas como dogmas.

Toda liturgia debería tener como propósito la celebración y adoración a Dios, sin perder la espontaneidad.

Pero me parece que la descripción del apóstol Pablo a la iglesia en la Ciudad de Corinto, es lo más parecido a una forma ordenada del culto público "bíblico" en los primeros años de la iglesia.

¡No será institucional, pero sí funcional! «¿Qué debo hacer entonces? Oraré en el Espíritu y también oraré con palabras que entiendo. Cantaré en el Espíritu y también cantaré con palabras que entiendo. Ahora bien, mis hermanos, hagamos un resumen. Cuando se reúnan, uno de ustedes cantará, otro enseñará, otro contará alguna revelación especial que Dios le haya dado, otro hablará en lenguas y otro interpretará lo que se dice: pero cada cosa que se haga debe fortalecer a cada uno de ustedes» (1 Corintios 14:15 y 26).

Me ha tocado asistir en algunas ocasiones a ceremonias de graduación, bodas y funerales, oficiados en templos católicos. Pude observar actividades abismalmente diferentes a las de la iglesia cristiana evangélica, en la cual, yo desde niño me congregaba. Recuerdo que me causaba mucha curiosidad la vestimenta de los sacerdotes, las imágenes de santos y vírgenes; los actos litúrgicos de la misa, los simbolismos y la reverencia de los participantes. Después de mis cuarenta años de edad las frecuenté como invitado para dar charlas a jóvenes en sus salones aledaños; en ese tiempo fui comprendiendo la importancia que le daban los fieles católicos a la misa y algunos de sus rituales. Estos actos litúrgicos, nos pueden parecer extraños a la mayoría de los cristianos evangélicos. Recuerdo que entre los congregantes de la denominación a la que pertenecí durante mi niñez y adolescencia, llegué a escuchar una idea recurrente, que expresaba el pensamiento que las misas de la Iglesia Católica eran demasiado ceremoniosas. Con los años he adquirido madurez, entendimiento, tolerancia y he podido darme la oportunidad de disfrutar y observar atentamente formas distintas de fe.

Hace pocos años acompañé a mi amiga Mónica Platt a la celebración de una misa en honor a su querida madre, quien lamentablemente había fallecido. En el servicio participaron cuatro cantantes acompañados por un pianista, quienes entonaron alabanzas y debo enfatizar, muy bien ejecutadas y con el sentimiento apropiado para el difícil momento. El sacerdote habló emotivas palabras escriturales sobre la muerte y la resurrección. De nuevo puse atención en los rituales. Después de la ceremonia religiosa depositaron las cenizas de la madre de Mónica en el recinto de la iglesia, una práctica común en el catolicismo. No estoy diciendo que estoy de acuerdo con todos los ritos que la Iglesia católica utiliza en sus ceremonias y el significado que dan a cada acto, pero, en términos generales hay gran similitud en los propósitos de éstos con los nuestros.

Existen iglesias evangélicas que se apoyan demasiado en la tradición, en rituales heredados de las iglesias norteamericanas para realizar sus reuniones de adoración, y de la misma forma las iglesias cristianas reformadas o protestantes, entre otras de esa misma línea, siguen utilizando formas y ritos usados por siglos y, aunque han ido variado un poco, siguen manteniéndose casi igual.

Las tradicionalmente llamadas iglesias protestantes históricas, tales como, bautista, presbiteriana, metodista; los pentecostales con su sinfín de liturgias y los carismáticos –aunque éstos últimos no tan abundantemente– tienen sus liturgias y ritos un tanto individualistas y en algunos casos, dogmáticos. Pero fueron las iglesias evangélicas de línea pentecostés, las cuales por décadas se ufanaron de no necesitar ritos formales en sus prácticas de adoración; presumían de hacerlo según la libertad que el Espíritu les daba.

Yo fui –desde mis tiernos cuatro años– instruido, pero no forjado en una iglesia cristiana de línea pentecostés; ese tipo de iglesia donde el énfasis principal era hablar en otras lenguas como evidencia de la llenura y las manifestaciones de los dones del Espíritu. Aunque creo en los dones del espíritu completamente, la forma de enseñarlo y practicarlo me causaba por momentos entre incomprensión y vergüenza. Pertenecí a una denominación donde, a pesar de mis propias reservas, me sometí de forma voluntaria hasta mis dieciséis años de edad. Nuestros líderes aparentemente no daban mucha atención al formato litúrgico en la iglesia local; si no mal recuerdo, la mayoría de las veces había un director del programa el cual incluía oración, lectura de la Palabra, un par de himnos, peticiones, testimonios, cantos especiales, ofrenda y predicación. Al paso de los pocos años, entre mis dieciocho y veintiuno, el formato que seguían usando se me hacía un tanto obsoleto y rutinario; porque era una repetición de la misma terminología y los mismos coros e himnos, los cuales yo dirigí cantidad de veces. No olvido mi oración a Dios: Señor, no habrá otra forma de hacer el culto. Créame, mi estimado lector, luché por años con esa inquietud.

Entrando a mis dieciocho años -puedo decir con seguridad, que desde ese momento hasta la fecha-, comencé a ser más observador y analítico, por lo cual, fui llegando a conclusiones que han ido definiendo mi vida. Una de esas, fue comprender que estábamos practicando ritos en el "culto de adoración". Unos pocos de ellos empezaron a ser muy obvios para mí, y consecuentemente, fui perdiendo el interés. A esa edad yo era un participante activo del canto en la iglesia local. Dos miembros de la congregación, varones honorables, fieles a Dios y a la iglesia local, quienes presidían las reuniones regulares junto al hermano Rafael Jiménez –mi último pastor en esa iglesia y denominación–, eran los que me invitaban seguido para cantar en esos espacios del programa. Era un ritual domingo tras domingo en el tiempo de adoración y muchas veces funcionó para apelar a los sentimientos del auditorio (no de mala onda, creo yo). Déjeme enfatizar algo después de mi argumentación: todo lo utilizado en nuestras reuniones de adoración debe llevarnos a la reflexión y al compromiso. Parafraseando a Charles Swindoll:

Éxtasis sin transformación no es adoración.

Ministrar en el altar al finalizar el mensaje de la palabra de Dios, y que las personas pasaran para "aceptar o recibir a Jesucristo", confesar sus pecados y ponerse a cuentas con Dios, se convirtió en mi iglesia local en un verdadero ritual. Indistintamente, cada domingo sin importar el tema de la predicación el propósito era llevar a la gente al quebrantamiento de corazón y este ritual, podía durar demasiado tiempo. Lo empecé a igualar con el último acto de la liturgia católica cuando se comparte la hostia; sólo que entre nosotros el altar se había convertido en una especie de confesionario evangélico donde el creyente, en ocasiones ya bautizado, después de confesar sus pecados, salía muchas veces más condenado y con un terrible remordimiento de conciencia, esperando el momento en que se le aplicara una severa disciplina o ser un proscrito por haber caído de la gracia, demostrando con ello la falta de una teología de restauración de parte de nuestros líderes espirituales.

¿Qué hacía cuando esos tiempos de altar se acercaban durante el servicio en la iglesia? ¡Retirarme de la reunión! La mayoría de las veces los percibí como una manipulación, porque se convirtieron en una obligación y casi un sacrilegio no practicarlos. ¡Cuántas veces me salí en el momento previo de la oración o cuando la gente pasaba a confesarse! Al principio me daba pena hacerlo, después se volvió costumbre. Permítanme recalcar, no creo que estos actos fueran realizados con mala intención en sí, pero hasta la fecha, para mí no son muy aceptables, pero los tolero. Tengo un recuerdo de aquellos años en los cuales me resistí al llamado de pasar al altar; dos hermanas de la congregación se acercaron, y me dijeron al oído: "mijo, Dios quiere tratar contigo". Yo me preguntaba ¿tratar qué? Yo estaba en paz con Dios. Fui mal enseñado –no de parte de mi padre, sino de la iglesia local–, en cuanto a todo el ritualismo católico como ofensivo a Dios, y una forma vacía de adoración. Cierto, la iglesia católica, después de siglos de existencia, ha variado muy poco o quizá nada en la forma de llevar a cabo el culto y los ritos que utiliza. Pero algunas iglesias cristianas tradicionales están en la misma condición.

Entre los años 2014 y 2016 canté y prediqué en algunas iglesias cristianas de línea bautista y metodista, entre otras. Su forma de hacer culto es de más de ciento cincuenta años en nuestro país México; por lo visto, parecen estar muy cómodos; permanecen sentados la mayor parte del tiempo en sus servicios religiosos. En algunas iglesias bautistas y presbiterianas la solemnidad me asusta un poco -broma-. No deben cambiar en su totalidad su liturgia es parte histórica y funcional para ellos, pero podrían hacer algunos ajustes, aunque sean pequeños. Muchos líderes y congregantes de "las iglesias históricas" me dan la impresión de que no están dispuestos a alterar sus formas, por el temor de caer en actos de adoración incorrectos. Bueno, ésa es mi apreciación. En lo personal entiendo que estas asociaciones religiosas, han caído en un formulismo ritualista, a través del cual, se sienten seguros, confortables, fundamentados en lo bíblico y teológico. Para decenas de organizaciones es la única forma de ser y llevar a cabo reuniones y rituales correctos de adoración.

Richard Foster, uno de mis escritores de cabecera, escribió:

"Los ritos no producen adoración, ni tampoco el dejar de usarlos... El canto, la oración, la alabanza, todo ello puede conducir a la adoración, pero la adoración es más que cualquiera de esas cosas".

El llamado movimiento carismático, a mediados de los años ochenta, llegó a la Ciudad de Hermosillo, Sonora. Al principio sí me inquieté por la aparente frescura de hacer culto. Asistí a varias reuniones por invitación de amigos y conocidos también inquietados con lo fresco y novedoso. El formato de hacer reunión en algunas iglesias carismáticas ha permanecido desde esos años ochenta hasta hoy, 2022. Dirige una sola persona, pasa el grupo de alabanza y da un concierto promedio entre cuarenta minutos y una hora, llamado "tiempo de adoración". Por lo general no dan espacio para cantos especiales, peticiones ni tampoco para testimonios; los anuncios son extensos, se promociona el asunto de diezmos y ofrendas con fiereza. El director pastor, más que predicar presenta una conferencia. Desde que el asunto carismático tomó posesión de algunas iglesias a finales de los ochenta y principios de los noventa, la "cantadera" es parte muy importante y definitiva en sus reuniones; los tiempos de adoración con el grupo de alabanza se tornan en "conciertos" de cada reunión, y a veces son, por demás, agobiantes ¿Habrá un modelo práctico donde podamos adorar sin caer en la monotonía ni en el ritualismo? ¿Deberíamos variar las formas de adoración regularmente?

Como alguna vez leí en un artículo: "nos preocupamos más en satisfacer al congregante en nuestras reuniones de adoración que a Dios mismo". Quizá, uno de los asuntos al reunirnos no sea del todo el formato, sino la actitud con la que llegamos a adorar. Danilo Montero canta:

> Me gusta estar en tu casa / celebrando con tu pueblo / Me gusta darte honor / con mis manos y mi voz / Mis pies haces danzar / Mi corazón cantar / Me das razón para gozar, gozar.

Congregarme durante años ha sido fascinante ¡Lo sigo disfrutando!, pero no de la misma manera, porque lo mecánico, tradicional, lo que se convierte en costumbre, me abruma. Habrá quienes me argumenten, que el pueblo judío era un pueblo con muchos rituales, y tienen razón; algunos defenderán los ritos como formas de adoración que, si se hacen conscientemente son benéficos. Otros defenderán su postura de practicar ciertos ritos porque son bíblicos o prácticos. En lo personal, aunque puedo practicar algunos ocasionalmente, prefiero la libertad de renovar las formas de adoración, por ejemplo, el pueblo judío, de acuerdo a los registros en los libros del Antiguo Testamento, los oficios de hacer el culto a Dios se centraron en el tabernáculo diseñado por Dios y levantado originalmente por Moisés; y en el templo de Jerusalén construido por el rey Salomón. Sus ceremonias, donde participaban sacerdotes y levitas, comenzaban en los atrios, seguían por el lugar santo, hasta concluir en el lugar santísimo.

El escritor de la carta dirigida a los hebreos dice:

«El punto principal es el siguiente: tenemos un Sumo Sacerdote quien se sentó en el lugar de honor, a la derecha del trono de Dios majestuoso en el cielo. Allí sirve como ministro en el tabernáculo del cielo, el verdadero lugar de adoración construido por el Señor y no por manos humanas. Ya que es deber de todo sumo sacerdote presentar ofrendas y sacrificios, nuestro Sumo Sacerdote también tiene que presentar una ofrenda. Si estuviera aquí en la tierra, ni siquiera sería sacerdote, porque ya hay sacerdotes que presentan las ofrendas que exige la ley. Ellos sirven dentro de un sistema de adoración que es sólo una copia, una sombra del verdadero, que está en el cielo. Pues cuando Moisés estaba por construir el tabernáculo, Dios le advirtió lo siguiente: "Asegúrate de hacer todo según el modelo que te mostré aquí en la montaña"» (Hebreos 8:1-5).

El apóstol Pablo menciona, que ya sea en lo individual como creyente o colectivamente como iglesia, somos templo de Dios, el cuerpo de Cristo y la familia de Dios. En otras palabras, si pudiéramos representar el tabernáculo o el templo material con nuestro ser, los atrios serían comparados con el cuerpo, el lugar santo con el alma, el lugar santísimo con nuestro espíritu. En el antiguo régimen de la ley, los judíos iniciaban la adoración a Dios de fuera hacia dentro del inmueble; pero, Jesucristo nos mostró una nueva forma de adorar, la cual es un acto revolucionario, el cual, se lo presentó a la mujer samaritana, Dios está buscando adoradores que adoren en espíritu y en verdad, es decir, del interior hacia el exterior del adorador.

«El cuerpo humano tiene muchas partes, pero las muchas partes forman un cuerpo entero. Lo mismo sucede con el cuerpo de Cristo. Entre nosotros hay algunos que son judíos y otros que son gentiles; algunos son esclavos, y otros son libres. Pero todos fuimos bautizados en un solo cuerpo por un mismo Espíritu, y todos compartimos el mismo Espíritu. Todos ustedes en conjunto son el cuerpo de Cristo, y cada uno de ustedes es parte de ese cuerpo» (1 Corintios 12:12,13,27).

Católicos, luteranos, presbiterianos, bautistas, metodistas y algunas otras denominaciones, han mantenido sus rituales por décadas y siglos, y la otra línea pentecostés o carismática medio se modernizaron, la verdad es que no importa tanto el formato, sino nuestra condición del corazón cuando llegamos a adorar, pero igual, deleitémonos, alegrémonos, disfrutemos cada día de reunión, porque a final de cuentas, al que adoramos es al Dios eterno, Señor del cielo y la tierra, digno de ser adorado. Expresemos nuestra gratitud, amor y libertad al adorarle, que nuestra individualidad no se pierda, que la experiencia de adorarle no esté limitada nunca por ningún espacio o estructura y que nuestra actitud nos impulse a renovarnos, adaptar y actualizar las formas. Lo he hecho las veces que me ha tocado ser pastor y asistente de pastor; improvisar es funcional y reconfortante, practicarlo en reuniones pequeñas de jóvenes es un buen intento. «¡Alabado sea el Señor! Canten al Señor una nueva canción; canten sus alabanzas en la asamblea de los fieles» (Salmos 149:1).

El hombre y la mujer promedio somos en extremo expresivos, aunque hay excepciones. He visto cada hermanito en las congregaciones con una cara de "adorador amargado" que no pueden con ella, me imagino que llegan a la iglesia con alguna carga tan pesada en su alma, que su rostro sólo lo refleja.

Cuando participo cantando o predicando en algunas congregaciones, observo las actitudes, el lenguaje corporal y la cara de enfado de algunos asistentes, como diciendo - Veamos qué trae este siervito del Señor-, aunque es obvio que estoy infiriendo, también es cierto que nuestro cuerpo es la ventana que permite a los demás ver dentro nuestro.

El ser humano carga con muchos afanes en su vida, pruebas, accidentes, enfermedades, etc., y ningún ser humano ha alcanzado la plenitud, así que, es imposible estar siempre conectados en adoración pura; me ha pasado, pocas veces, pero me ha pasado. Sin dejar a un lado el temperamento, todos tenemos la hermosa posibilidad de expresarnos; y esa es una de las cualidades más relevantes del ser humano. Los estadios son un excelente ejemplo de cómo la gente derrama su alma para "gritar" un gol, o cambiar el semblante cuando su equipo favorito de béisbol mete un jonrón.

Expresarnos y comunicarnos, son características propias del ser humano, inclusive para aquellos que se dicen ser poco expresivos, ya que, para las personas, es imposible no sentir, alegría, gozo, paz, esperanza, tristeza, desaliento, decepción.

Según los expertos, el temperamento se relaciona con las expresiones del alma, y tienen razón. Deberíamos ir a congregarnos con una actitud expectante de la presencia de Dios, y de lo que él hará. No debería ser difícil para nadie expresar con su cara tal realidad; y sonreír, abrazar, gritar, llorar, levantar las manos, palmear, caer de rodillas, postrarse cuando se está en una reunión de adoración. En lo personal, desde niño mi hiperactividad me ha llevado a ser efusivo. Me es difícil no evidenciar mis emociones en todas las áreas de mi vida. Tal vez sea porque desde mi infancia lo miré en la iglesia donde me congregué, y también fui enseñado a expresarme; pero, analizando parte de mi niñez y adolescencia, yo siempre he sido inquieto. El salmista dice:

«Entonen alabanzas a Dios, nuestra fuerza; canten al Dios de Jacob. ¡Canten! Toquen la pandereta. Hagan sonar la dulce lira y el arpa. ¡Toquen el cuerno de carnero en la luna nueva y otra vez en la luna llena, para convocar a un festival!» (Salmos 81:1-3).

Claro que la adoración a Dios, ya sea congregacional o íntima, puede ser corporalmente expresiva. En una ocasión, siendo yo muy joven, vi una película acerca del rey David; y una de las escenas de ésta, me recordó un pasaje de la Escritura, en la cual, se describe a detalle, cuando el rey danzó tan frenéticamente, que su primera esposa se llenó de desprecio hacia él, y se escandalizó.

«Entonces, cuando el arca del Señor entraba en la Ciudad de David, Mical, hija de Saúl, se asomó por la ventana. Cuando vio que el rey David saltaba y danzaba ante el Señor, se llenó de desprecio hacia él. Así que trasladaron el arca y la colocaron en su lugar dentro de la carpa especial que David le había preparado. David sacrificó al Señor ofrendas quemadas y ofrendas de paz. Cuando terminó de ofrecer los sacrificios, David bendijo al pueblo en el nombre del Señor de los Ejércitos Celestiales. Después repartió a todos los israelitas que estaban allí reunidos, tanto hombres como mujeres, una hogaza de pan, un pastel de dátiles y un pastel de pasas de uva. Luego todos regresaron a su casa. Cuando David regresó a su hogar para bendecir a su propia familia, Mical, la hija de Saúl, salió a su encuentro y le dijo, indignada: ¡Qué distinguido se veía hoy el rey de Israel, exhibiéndose descaradamente delante de las sirvientas tal como lo haría cualquier persona vulgar! David replicó a Mical: ¡Estaba danzando delante del Señor, quien me eligió por encima de tu padre y de su familia! Él me designó como el líder de Israel, el pueblo del Señor, y de este modo celebró delante de él» (2 Samuel 6:16-21).

¡Qué increíble! Mical no entendió la importancia de ese momento, no sólo para David, sino para todo Israel. El rey David estaba por demás emocionado, excitado, lleno de júbilo ante tal acontecimiento. En las Escrituras leemos varias veces de los actos de adoración de David en todo tiempo. David era un adorador en toda la extensión de la palabra; los Salmos son claro ejemplo de sus expresiones de adoración a Dios. Un episodio de dolor y clamor por la muerte de uno de sus hijos recién nacido, no fue un impedimento para que adorara a Dios:

«Entonces David confesó a Natán: He pecado contra el Señor. Natán respondió: Sí, pero el Señor te ha perdonado y no morirás por este pecado. Sin embargo, como has mostrado un total desprecio por la palabra del Señor con lo que hiciste, tu hijo morirá. Después que Natán regresó a su casa, el Señor le envió una enfermedad mortal al hijo que David tuvo con la esposa de Urías. Así que David le suplicó a Dios que perdonara la vida de su hijo, y no comió, y estuvo toda la noche tirado en el suelo. Entonces los ancianos de su casa le rogaban que se levantara y comiera con ellos, pero él se negó. Finalmente, el séptimo día, el niño murió. Los consejeros de David tenían temor de decírselo. "No escuchaba razones cuando el niño estaba enfermo, se decían, ¿qué locura hará cuando le digamos que el niño murió?". Cuando David vio que susurraban entre sí, se dio cuenta de lo que había pasado. ¿Murió el niño? Preguntó. Sí, le contestaron, ya murió. De inmediato David se levantó del suelo, se lavó, se puso lociones y se cambió de ropa. Luego fue al tabernáculo a adorar al Señor y después volvió al palacio donde le sirvieron comida y comió» (2 Samuel 12:13-20).

Los defensores de la adoración expresada físicamente, tienen sus opositores, e irónicamente, ambos se basan en las Escrituras, se defienden con textos que dogmatizan, abrazando la forma con textos como los siguientes: «Pero asegúrense de que todo se haga de forma apropiada y con orden» (1 Corintios 14:40). «Pero el Señor está en su santo templo. Que toda la tierra guarde silencio delante de él» (Habacuc 2:20). Mi punto aquí es que, tanto los que abogan por las expresiones efusivas de la adoración, sin limitar o contristar al Espíritu, como los que promueven "el orden" y la reverencia sacrosanta y ortodoxa, son bíblicos en la defensa de sus criterios.

Según mis cuentas fue al final de los años 80, en esos encuentros que la vida los vuelve coincidencias, conocí a un buen hombre, Abraham Álvarez, metodista de cepa. No recuerdo dónde fue la primera vez que coincidimos, pero a través de él conocí a Juan Manuel Álvarez, su hijo, un jovencito que traía todo el poder en los menesteres de producir música. Cosa que empezamos a hacer en "Estudio 7" con algunas participaciones mías. En ese tiempo, Juan Manuel nos habló de un congreso que estaba organizando la iglesia metodista. Nos comentó que iba a intentar hacer un ensamble de varios músicos y cantantes, con el fin de que participáramos en dicho evento. Por cierto, el congreso se enfocó principalmente en el asunto de la adoración y la música. Los expositores estaban muy preparados en su temática –aún tengo copias de la mayoría de exposiciones de ese congreso–. Los jóvenes asistentes eran de las diferentes congregaciones de la denominación metodista. El orden de la adoración, por supuesto, era de no levantar manos, no aplaudir, ni gritar: ¡Amén, aleluya, gloria a Dios!, menos danzar, ya que en ese tiempo era lo novedoso dentro de algunas iglesias pentecostés y las recientes de corte carismático.

El grupo, conformado por músicos y cantantes de varias congregaciones de la Ciudad de México –incluido su servidor que andaba desterrado de Sonora en ese tiempo–. La hice de corista en esa ocasión. Nos llegó el turno dentro del programa, ¡Sí que cantamos! Entonamos cánticos de "alabanza y adoración" de los más populares en ese tiempo, la mayoría de ellos con ritmos muy movidos.

Nosotros estábamos en nuestro papel, echando el alma, poniéndole sentimiento, cuando de pronto, en el momento menos esperado, se levantó de su asiento el baterista que nos acompañaba, le arrebató el micrófono a Juan Manuel y empezó a vociferar: "Adoren al Señor con libertad", recuerdo que también dijo: "Parece que estamos en un cementerio", entre otras frases de ese estilo. La expresión de su cara y su cuerpo, eran así como tipo endemoniado –broma–. Nos quedamos, nosotros y la gente del auditorio, con cara de: ¿qué?, ¿qué?, ¿qué? Se aventó un rollo de lo que era adorar a Dios con todo nuestro cuerpo. El resultado de dicho frenesí... ya no nos se nos permitió la segunda participación.

Los chavitos del congreso deben haber pensado -¿Y este loco?-, o tal vez pensaron -¿Qué le pasa a este cuate?- ¡Qué cosas tiene la vida, Mariana! Así nos ponemos algunos "aleluyas", muy efusivos y no está del todo mal lo que hizo el baterista, ¡Eran buenas sus intenciones!, pero hay momentos y lugares donde hay que ser prudentes y entendidos. No creo que Dios se vaya a fastidiar porque guardemos la compostura y más si somos invitados. Mi punto es: hemos enfatizado tanto las expresiones corporales de la adoración, pero se nos olvida que la verdadera adoración es un estilo de vida, el cual no se enfoca ni se limita al tiempo, ni al espacio donde nos reunimos. La adoración física de la manera que la entiendas y desarrolles, debe tener como resultado, vivir agradecido en constante conocimiento de lo que Dios es, así como, debe reflejar una vida de amor, servicio al prójimo y cumpliendo el mandamiento de ir a hacer discípulos.

No una, sino una infinidad de ocasiones escuché a dirigentes de alabanza del movimiento de alabanza y adoración, exaltar el acto físico de la adoración y muy pocas veces el compromiso, la responsabilidad de impactar con tu estilo de vida a quienes nos rodean.

Claro que la adoración física honra a Dios y es parte del culto de adoración, pero por favor; la adoración no debe estar enfocada al acto físico solamente, sino a todo lo que implica ser un adorador en espíritu y en verdad. Ya sea como parte de un ministerio de adoración o como congregantes, el acto físico de adorar es escritural, pero la adoración es más que esto, por lo tanto, no hay licencia para reducirlo sólo a eso, pero no debemos abusar de su manifestación pública. Ni las iglesias fundamentalistas o históricas, ni las de corte pentecostés, ni las carismáticas... ninguna tienen los derechos reservados de las formas o expresiones de adoración.

Me encanta la adoración expresiva, pero respeto al que ha decidido expresar la adoración de una manera no tan explícita, pues creo firmemente que la adoración es más que un acto físico. No te conviertes en un adorador sólo por el hecho de cantar o tocar un instrumento.

Eres un adorador, en toda la extensión de la palabra, cuando tocas y cantas como un reflejo de lo que Dios es y hace a través de ti en el entorno donde te desenvuelves:

casa, escuela, trabajo, barrio, colonia, zona residencial, donde quiera que te encuentres ¡Eres un adorador!, no sólo cuando te subes a una plataforma, sino cada día que Dios te conceda vivir.

Permítanme compartirles la reflexión sobre los modelos de adoración, que provocó en mí la lectura del libro "La alabanza que libera", escrito por Judson Cornwall. "En el despertar de las nuevas formas de adoración en los años setenta y durante la búsqueda de un patrón correcto, la reflexión sobre los modelos o patrones de alabanza y adoración son sencillamente patrones que hemos heredado y atesorado como prototipos bíblicos, pero, aunque parezcan serlo, sea que vengan de Asia, de África, Europa o América no deberían dividirnos". ¿Existe un diseño divino exactamente determinado y exigido por Dios, el cual podamos usar hoy? El libro de Apocalipsis, desde principio a fin, nos muestra in crescendo escenas de adoración y alabanza a Dios como Creador y Redentor del ser humano.

«Después de esto, oí algo en el cielo que parecía las voces de una inmensa multitud que gritaba: "¡Alabado sea el Señor! La salvación, la gloria y el poder le pertenecen a nuestro Dios...". Y otra vez, sus voces resonaron "¡Alabado sea el Señor!". Entonces los veinticuatro ancianos y los cuatro seres vivientes se postraron y adoraron a Dios, que estaba sentado en el trono. Exclamaron: "¡Amén! ¡Alabado sea el Señor!". Y del trono salió una voz que dijo: Alaben a nuestro Dios todos sus siervos y todos los que le temen, desde el más insignificante, hasta el más importante". Entonces volví a oír algo que parecía el grito de una inmensa multitud o el rugido de enormes olas del mar o el estruendo de un potente trueno, que decían: "¡Alabado sea el Señor! Pues el Señor nuestro Dios, el Todopoderoso, reina. Alegrémonos y llenémonos de gozo y démosle honor a él, porque el tiempo ha llegado para la boda del Cordero, y su novia se ha preparado. A ella se le ha concedido vestirse del lino blanco y puro de la más alta calidad". Pues el lino de la más alta calidad representa las buenas acciones del pueblo santo de Dios» (Apocalipsis 19:1-8).

Adoración y Música

10
La música
en las
Escrituras

10
La música en las Escrituras

"Cuando el hombre trabaja Dios lo respeta; más cuando el hombre canta, lo ama". Una frase del filósofo y poeta Rabindranath Tagore, y usada constantemente por Facundo Cabral –trovador, cantautor, poeta, escritor y filósofo argentino– allá por los años 90, tiempos aquellos en los cuales pude asistir a varios de sus conciertos en la Ciudad de Hermosillo, Sonora. El rey Salomón escribió: «Así que llegué a la conclusión de que no hay nada mejor que alegrarse y disfrutar de la vida mientras podamos. Además, la gente debería comer, beber y aprovechar el fruto de su trabajo, porque son regalos de Dios» (Eclesiastés 3:12,13).

Dios prospera el fruto de nuestro trabajo, es un hecho, nuestro Dios quiere que vivamos bendecidos, satisfechos y plenos. La mayoría conocemos la vida trágica del patriarca Job y es sumamente interesante lo que las escrituras nos enseñan de sus últimos sus días:

«Después de esto, Job vivió ciento cuarenta años y pudo ver cuatro generaciones de sus hijos y nietos. Luego murió siendo muy anciano, después de vivir una vida larga y plena» (Job 42:16-17).

Nuestra vida debe tener paz y bendición siempre, aún a pesar de los contratiempos, y debería estar acompañada de una necesidad de exaltar a Dios con cánticos que alegran el alma. Desde mi juventud he experimentado las maravillas de cantar, este ejercicio es un deleite hasta para el más desentonado adorador, sobre todo cuando nos atrevemos a expresar nuestra adoración a Dios. He tenido la oportunidad de escuchar a amigos cercanos, quienes no dan una sola nota afinada, ¡Pero al cantar lo hacen con un gozo tan inefable que asustan! pero a pesar de ello, Dios se alegra con nuestros cánticos y nos ama por ello. En este capítulo haré referencia a ciertos pasajes de las Escrituras relacionados al canto y música, así como, el uso cotidiano que el hombre le da a estas dos formas de arte al momento de adorar a Dios.

Literalmente encontramos –casi en todos los libros del Antiguo Testamento– referencias a las formas de adoración de los hebreos. Los Salmos, el libro por excelencia de los israelitas, nos muestra las distintas expresiones de adoración a Dios, ya fuera a través de la poesía, devocionales, oraciones, cánticos, etc., los cuales fueron inspirados desde el corazón de forma emotiva, poética, reflexiva y terapéutica. Según los estudiosos de las Escrituras, son varios los autores o compositores de los Salmos; aunque más de la mitad de ellos se le adjudican al rey David; fue escrito y compilado a través de cientos de años; el título hebreo es Tehilim, y significa "alabanzas" o "canciones de alabanza"; la palabra salterio, derivada del vocablo griego psaltérion, usado para describir el libro de los Salmos, significa "arpa o instrumento de cuerdas"; y el término psalmoi, también de origen griego, quiere decir "canciones" o "canciones sagradas".

El Señor Jesucristo en un sólo versículo le dio relevancia al libro de los Salmos, cuando hizo referencia a las profecías mesiánicas con respecto a él. «Entonces dijo: Cuando estaba con ustedes antes, les dije que tenía que cumplirse todo lo escrito acerca de mí en la ley de Moisés, en los profetas y en los Salmos» (Lucas 24:44). Algunos estudiosos han deducido la probabilidad de que Jesucristo y sus discípulos entonaron uno de los Salmos al final de la cena en la celebración de la pascua: «Luego cantaron un himno y salieron al Monte de los Olivos» (Mateo 26:30). El apóstol Pablo recomienda cantar Salmos, himnos y cánticos espirituales: «Cantando salmos e himnos y canciones espirituales entre ustedes, y haciendo música al Señor en el corazón» (Efesios 5:19).

Los Salmos ocupan un lugar especial en las Sagradas Escrituras, y, según la historia, este libro fue uno de los favoritos de Martín Lutero, el reformador alemán, quien se refirió a este libro como "una Biblia en miniatura".

Juan Calvino, describió este precioso libro "como una anatomía de todas las partes del alma", y dijo: "no hay emoción de la cual alguien pueda tener consciencia que no esté representada aquí, como un espejo". Johann Arndt, teólogo luterano, escribió: "El Salterio es a la Biblia lo que el corazón es al hombre". Mi querido y amado padre me instó a memorizar desde mi niñez varios Salmos, entre ellos el capítulo 1 y 23. Desde mi juventud hasta el día de hoy, los Salmos 18, 91, 103, 119, 121, 139 y 150 son parte cotidiana de mis lecturas devocionales y los utilizo con frecuencia para predicar y conferenciar.

En el libro de Job hay un pasaje que nos indica la importancia de la música y el canto, no sólo en la tierra sino en la eternidad. «¿Qué sostiene sus cimientos y quién puso su piedra principal mientras las estrellas de la mañana cantaban a coro y todos sus ángeles gritaban de alegría?» (Job 38:6,7). Cuando leí estos versículos, me dije -¡Wow!-, un millón de veces -¡Wow!-. En el acto de la creación había cánticos de alabanza y voces de ángeles cantando con júbilo y alegría, de seguro, lo hacían con una armonía perfecta. Qué maravillosos debieron haber sido esos días, en los cuales, la creación se unía en una adoración bella, que reflejaba el poder y la majestuosidad de Dios, al estar ordenando y creando el universo.

En mi juventud empecé a leer asiduamente referente a la música y canto, así como, textos bíblicos relacionados con esta temática, me llenaron de emoción y expectativas. Un día, me encontré un versículo en particular, entre otros que me inquietaron, provocando algunas interrogantes.

«Lamec se casó con dos mujeres. La primera se llamaba Ada y la segunda, Zila. Ada dio a luz a Jabal, quien fue el primero de los que crían animales y viven en carpas. El nombre de su hermano fue Jubal, el primero de todos los que tocan el arpa y la flauta. La otra esposa de Lamec, Zila, dio a luz a un hijo llamado Tubal- caín, el cual se hizo experto en forjar herramientas de bronce y de hierro. Tubal-caín tuvo una hermana llamada Naama» (Génesis 4:19-22).

Hay una definición que dice: "La música es la ciencia y el arte de los sonidos". Me sorprende saber que, como ciencia y arte, la génesis de la música también tenga sus orígenes en los primeros capítulos del libro de Génesis, en el primer libro de las escrituras. Eso nos habla de su importancia, a la par de otras ciencias relacionadas con la vida y cultura del ser humano. El Creador nos dio a los hombres la capacidad de desarrollar habilidades para nuestro propio regocijo y, aunque no hay certeza de que Jubal, un descendiente de Caín –hijo de Adán– haya inventado el arpa y la flauta con el fin de amenizar alguna celebración a Dios, con toda seguridad, podemos deducir que a partir de los descendientes de Set –también hijo de Adán–, el Señor ha permitido hacer uso de dichos instrumentos musicales, para llevar a cabo ceremonias de invocación a su Nombre.

«Adán volvió a tener relaciones sexuales con su esposa, y ella dio a luz otro hijo, al cual llamó Set, porque dijo: "Dios me ha concedido otro hijo en lugar de Abel, a quien Caín mató". Cuando Set creció, tuvo un hijo y lo llamó Enós. Fue en aquel tiempo que la gente por primera vez comenzó a adorar al Señor usando su nombre» (Génesis 4:25,26).

¿Cuántos años Jubal y sus descendientes desarrollaron el conocimiento del arte de la música?, es algo que las Escrituras no registran, sin embargo, el hombre usó la música y el canto a discreción, en combinación a sus otras actividades. Por ejemplo, si volvemos a analizar Génesis 4:19 al 22, Jabal fue el primero capaz de criar animales y vivir en carpas, es decir, sabía usar las técnicas y los utensilios propios para la agricultura y la ganadería, pero sin duda alguna, también buscaba aumentar su poder económico; Tubal-caín, se hizo experto en forjar herramientas de bronce y de hierro; esta destreza seguramente le permitió ser el proveedor de implementos para el millonario ganadero, pero también armamento para el altivo guerrero; y bajo este mismo contexto también fue inspirado el primer poema épico de odio y de venganza.

«Cierto día Lamec dijo a sus esposas: "Ada y Zila, oigan mi voz; escúchenme, esposas de Lamec. Maté a un hombre que me atacó, a un joven que me hirió. Si se castiga siete veces a quien mate a Caín, ¡el que me mate a mí será castigado setenta y siete veces!"» (Génesis 4:23,24).

El sabio Salomón descubrió lo siguiente: «Sin embargo, si encontré lo siguiente: Dios creó al ser humano para que sea virtuoso, pero cada uno decidió seguir su propio camino descendente» (Eclesiastés 7:29). Y el apóstol Pablo, citando parte de un Salmo, escribió: «Por eso las Escrituras dicen: Cuando ascendió a las alturas, se llevó a una multitud de cautivos y dio dones a su pueblo» (Efesios 4:8). Con esta revelación queda más que claro: Dios ha dotado al ser humano de dones y talentos, pero nosotros somos los responsables del buen uso, mal uso y abuso de las habilidades tanto espirituales como naturales.

Podemos encontrar otra referencia interesante del canto y la música en las Escrituras, en el libro de Éxodo. Después de un poco más de cuatrocientos años de esclavitud, el pueblo de Dios es liberado por Moisés, por órdenes del "Gran Yo Soy". Al verse completamente libres, después del cruce espectacular por el Mar Rojo –donde los egipcios fueron sepultados– Moisés y el pueblo de Israel entonaron una canción al Señor, algunos lo llaman cántico de liberación o cántico de Moisés.

«Cantaré al Señor, porque ha triunfado gloriosamente; arrojó al mar al caballo y al jinete. El Señor es mi fuerza y mi canción; él me ha dado la victoria. Él es mi Dios, y lo alabaré; es el Dios de mi padre, ¡y lo exaltaré! El Señor es un guerrero; ¡Yahveh es su nombre! Arrojó al mar a los carros y al ejército del faraón. Los mejores oficiales del faraón se ahogaron en el Mar Rojo. Las aguas profundas brotaron con fuerza y los cubrieron; como piedras se hundieron hasta el fondo. Tu mano derecha, oh Señor, es gloriosa en poder. Tu mano derecha oh Señor, aplasta al enemigo. Con la grandeza de tu majestad, derribas a los que se levantan contra ti. Desatas tu ardiente furia y los consume como paja. Al soplido de tu aliento, ¡las aguas se apilaron! El impetuoso oleaje se quedó firme como un muro; en el corazón del mar las aguas se endurecieron. El enemigo se jactaba diciendo: "Los perseguiré y los alcanzaré. Los despojaré y los consumiré. Sacaré mi espada; mi mano poderosa los destruirá". Pero tú soplaste con tu aliento, y el mar los cubrió. Se hundieron como plomo en las poderosas aguas. Oh Señor, entre los dioses, ¿quién es como tú: glorioso en santidad, imponente en esplendor, autor de grandes maravillas? Levantaste tu mano derecha, y la tierra se tragó a nuestros enemigos. Con tu amor inagotable guías al pueblo que redimiste. Con tu poder los guías a tu hogar sagrado... Entonces la profetisa Miriam, hermana de Aarón, tomó una pandereta, se puso al frente, y todas las mujeres la siguieron, danzando y tocando sus panderetas. Y Miriam entonaba este cántico: Canten al Señor, porque ha triunfado gloriosamente;

arrojó al mar al caballo y al jinete» (Éxodo 15:1-13, 20,21).

Millones de voces al unísono se han de haber contagiado junto con Moisés y su hermana María, en este acontecimiento de exaltación a Dios por la tan esperada liberación. Si no mal recuerdo, fue a mediados o finales de los años 80, tengo entendido que fue Juan Carlos Alvarado, cantante y compositor guatemalteco quien le puso melodía a este pasaje y por años fue uno de los cánticos de dominio público en México, Centro y Sudamérica, dentro de las iglesias pentecostales y carismáticas. Me tocó dirigirlo en varias ocasiones, llenarme de alegría, pues era inevitable el no imaginarme dicho evento de victoria y júbilo.

Las Escrituras describen varios acontecimientos en los cuales la música y el canto son una forma de testificar las victorias y al leerlos te transportan y te brindan regocijo, esperanza y fortalecen tu fe, por todo aquello que Dios hace a favor, no sólo del pueblo de Israel, sino de los nacidos de nuevo y la humanidad. En el Pentateuco, los libros Históricos, los libros poéticos: Job, Salmos, Proverbios, Eclesiastés, Cantares, los libros de los profetas mayores y menores, encontramos referencias a la adoración con música y cánticos. En el Nuevo Testamento, aunque son pocas las referencias a las formas de adoración por medio de la música, es en el libro de Revelación donde se describe la adoración en el cielo.

«...Todos tenían arpas que Dios les había dado y entonaban el canto de Moisés, siervo de Dios, y el canto del Cordero: Grandes y maravillosas son tus obras, oh Señor Dios, el Todopoderoso. Justos y verdaderos son tus caminos, oh, Rey de las naciones. ¿Quién no te temerá, Señor, ¿y glorificará tu nombre? Pues sólo tú eres santo. Todas las naciones vendrán y adorarán delante de ti, porque tus obras de justicia han sido reveladas» (Apocalipsis 15:2-4).

Después de haber sido liberados de la esclavitud de Egipto, los hebreos fueron institucionalizando la adoración como una parte vital de su quehacer nacional,

principalmente durante los períodos del reinado de David y de Salomón. «David y los comandantes del ejército designaron hombres de las familias de Asaf, de Hemán y de Jedutún para proclamar los mensajes de Dios acompañados de liras, arpas y címbalos...» (1 Crónicas 25:1). El rey David adoraba a través de cánticos acompañados de instrumentos musicales. Entonces, había una relación con los principales elementos de la música: melodía, armonía y ritmo; inclusive recomendaciones para músicos y cantantes.

«Alaben al Señor con melodías de la lira; toquen música para él en el arpa de diez cuerdas. Entónenle un cántico nuevo de alabanza; toquen el arpa con destreza (tocar bien) y canten con alegría (sin amarguras)». «Los cantores van adelante (melodía), los músicos van detrás (armonía y ritmo); en medio hay jovencitas que tocan panderetas (ritmo)» Salmos 33:2,3; 68:25.

Salomón honró a su padre David, organizando a los levitas para la adoración a Dios en el templo.

«Los sacerdotes ocuparon sus puestos asignados al igual que los levitas, quienes cantaban: ¡Su fiel amor perdura para siempre! Acompañaban el canto con la música de los instrumentos que el rey David había hecho para alabar al Señor. Enfrente de los levitas, los sacerdotes hacían sonar las trompetas mientras todo Israel estaba de pie» (2 Crónicas 7:6).

En tiempo de Nehemías podemos ver los vestigios de lo que se entiende hoy en día como costumbre de participación coral.

«Conduje a los líderes de Judá a la parte superior de la muralla y organicé dos grandes coros para dar acción de gracias... El segundo coro que daba acción de gracias se dirigió hacia el norte, dando la vuelta por el otro lado para encontrarse con el primer coro... La costumbre de tener directores para dirigir los coros al entonar himnos de alabanza y de acción de gracias a Dios comenzó mucho tiempo antes, en los días de David y Asaf» (Nehemías 12:31,38, 46).

Podríamos hacer un libro con millares de páginas, basadas en las escrituras que dan fe de la grandeza y belleza de adorar a Dios a través de Salmos, cánticos e instrumentos de todo tipo.

Termino este capítulo con una bella oración de alabanza del rey David, que vale la pena memorizar y repetir continuamente:

«Luego David alabó al Señor en presencia de toda la asamblea: ¡Oh Señor, Dios de nuestro antepasado Israel, que seas alabado por siempre y para siempre! Tuyos, oh Señor, son la grandeza, el poder, la gloria, la victoria y la majestad. Todo lo que hay en los cielos y en la tierra es tuyo, oh Señor, y este es tu reino. Te adoramos como el que está sobre todas las cosas. La riqueza y el honor sólo vienen de ti, porque tú gobiernas todo. El poder y la fuerza están en tus manos, y según tu criterio la gente llega a ser poderosa y recibe fuerzas. ¡Oh Dios nuestro, te damos gracias y alabamos tu glorioso nombre!» (1 Crónicas 29:10-13).

11
La influencia de la música

11
La influencia de la música

"No me agrada ningún hombre que desprecia la música. No es invento nuestro; se trata de un don de Dios. Yo la coloco a la par de la teología" – Martín Lutero.

"La música es una ciencia precisa, capaz de ejercer enorme influencia en las emociones y los sentidos" –Pitágoras.

"No existe nada mejor que la música para cambiar los modales y alterar las costumbres de la gente" –Shu Ching.

«¡Canten al Señor una nueva canción! ¡Que toda la tierra cante al Señor! Canten al Señor, alaben su nombre; cada día anuncien las buenas noticias de que él salva. ¡Que los cielos se alegren, y la tierra se goce! ¡Que el mar y todo lo que lo contiene exclamen sus alabanzas! ¡Que los campos y sus cultivos estallen de alegría! Que los árboles del bosque canten de alegría» (Salmos 96:1, 2, 11,12).

Este Salmo expresa poéticamente la alabanza al Dios de la naturaleza y no es el único, el Salmo 148 es otra expresión maravillosa. La invitación es a cantar, tocar, gritar de júbilo, alegrarnos, regocijarnos en el arte relativo a la música; porque esto alegra completamente el alma y cambia los estados emocionales. En el Salmo 19:1-2 leemos: «Los cielos proclaman la gloria de Dios y el firmamento despliega la destreza de sus manos. Día tras día no cesan de hablar: noche tras noche lo dan a conocer». No sólo el hombre, sino la misma naturaleza fue tocada por Dios e influenciada desde el momento de su creación.

El mundo entero es movido literalmente al ritmo de la música, sin importar cuál prefiramos.

Los sonidos de la música son infinitos, incomparables y maravillosos.

Es innegable el papel tan destacado de la música, así como, su poder e influencia en la vida de la humanidad. Cada país alrededor del mundo tiene su expresión cultural, y la música influye en ésta de manera directa, afectando la forma de percibir el entorno y su cotidianidad. En este siglo globalizado, increíblemente conectado, es igual de importante la música, así como en los anteriores, pues su papel sigue y seguirá siendo inspirador.

Mientras se lleva a cabo esta edición del libro, vimos por primera vez algo por demás inesperado que sacudió al mundo entero y por más de dos años lo paralizó, incluyendo eventos musicales masivos, se tuvieron que implementar nuevas formas de expresar el arte de la música y el canto. El COVID-19 desde marzo del 2020 hasta 2022 continúa trastornando el mundo. Pero como dicen: El show tiene que continuar.

En muchas ocasiones he escuchado que la música de antes era mejor que la de hoy, argumento con el cual no estoy del todo de acuerdo. Siempre ha existido música de buena y mala calidad. Lo que no podemos negar y ocultar es que todo lo relacionado con el poder e influencia de la música, es parte de la vida desde que despertamos y nos disponemos a dormir. El canto y la música tan sencilla y básica de los juglares, trovadores, la regional, así como la instrumental, clásica, ópera, balada, rock, pop, con toda la diversidad de nombres que hoy se le ha dado con el fin de clasificarla, sigue siendo el motor de nuestra sociedad en cuanto a lo que genera en lo económico y los estados emocionales que produce.

Al igual que la nueva generación digital, yo también tuve que actualizarme y convertir mi celular en el sustituto de todos los aparatos electrónicos. En mis años mozos los "longplay", casete y los "compact disc" eran parte de una colección vasta en la que invertía mucho de mis ahorros. Realmente, escucho poca música clásica; aunque reconozco que en su mayoría es por demás excelsa, cuando la escucho es gratificante, mis favoritos son aquellos que han adaptado sus interpretaciones a sonidos contemporáneos.

La música, su poder e influencia en la vida del hombre, existe desde el principio de la creación del mundo y la encontramos descrita desde el Génesis hasta Apocalipsis, el último libro de las Escrituras.

En el capítulo cuatro de Revelación, el apóstol Juan escribió una visión donde se adora a Dios como el hacedor de todas las cosas.

«Cada uno de los seres vivientes tenía seis alas, y las alas estaban totalmente cubiertas de ojos por dentro y por fuera. Día tras día y noche tras noche repiten continuamente:

Santo, santo, santo es el Señor Dios, el Todopoderoso, el que siempre fue, que es, y que aún está por venir. Cada vez que los seres vivientes dan gloria, honor y gracias al que está sentado en el trono (el que vive por siempre y para siempre), los veinticuatro ancianos se postran y adoran al que está sentado en el trono (el que vive por siempre y para siempre), y ponen sus coronas delante del trono, diciendo: "Tú eres digno, oh Señor nuestro Dios, de recibir gloria y honor y poder. Pues tú creaste todas las cosas, y existen porque tú las creaste según tu voluntad"». (Apocalipsis 4:8-11).

En el capítulo diecinueve del Apocalipsis, el anciano Juan, nos narra una impresionante exclamación por la final redención de la creación, la humanidad y una contundente victoria sobre el pecado, la injusticia; y sobre todo, el establecimiento del reino eterno de Dios.

«Después de esto, oí algo en el cielo que parecía las voces de una inmensa multitud que gritaba: "¡Alabado sea el Señor! La salvación, la gloria y el poder le pertenecen a nuestro Dios...". Y otra vez, sus voces resonaron "¡Alabado sea el Señor!". Entonces los veinticuatro ancianos y los cuatro seres vivientes se postraron y adoraron a Dios, que estaba sentado en el trono. Exclamaron: "¡Amén! ¡Alabado sea el Señor!". Y del trono salió una voz que dijo: Alaben a nuestro Dios todos sus siervos y todos los que le temen, desde el más insignificante hasta el más importante". Entonces volví a oír algo que parecía el grito de una inmensa multitud o el rugido de enormes olas del mar o el estruendo de un potente trueno, que decían: "¡Alabado sea el Señor! Pues el Señor nuestro Dios, el Todopoderoso, reina. Alegrémonos y llenémonos de gozo y démosle honor a él, porque el tiempo ha llegado para la boda del Cordero, y su novia se ha preparado. A ella se le ha concedido vestirse del lino blanco y puro de la más alta calidad". Pues el lino de la más alta calidad representa las buenas acciones del pueblo santo de Dios» (Apocalipsis 19:1-8).

Coros angelicales, acompañados de nosotros los seres humanos redimidos, alabaremos con cánticos e instrumentos musicales al Cordero de Dios; ¡Y eso será el acto de alabanza y adoración más glorioso, jamás visto!

Como ya lo dije en el capítulo dos de este escrito, la influencia de la música ha demostrado tener elementos liberadores para el alma oprimida. Un ejemplo antes expuesto, digno de atención en cuanto a la influencia y el poder de la música, lo encontramos en el primer libro del profeta Samuel.

«Ahora bien, el Espíritu del Señor se había apartado de Saúl, y el Señor envió un espíritu atormentador. Algunos de los siervos de Saúl le dijeron: Un espíritu atormentador de parte de Dios te está afligiendo. Busquemos a un buen músico para que toque el arpa cada vez que el espíritu atormentador te aflija. Tocará música relajante y dentro de poco estarás bien» (1 Samuel 16:14-16).

En el capítulo mencionado anteriormente hay cosas muy puntuales que destacar, como las razones válidas por las cuales, Dios rechazó y destituyó el reinado del rey Saúl, después de que el Señor, a través de Samuel lo había escogido como el primer rey de Israel.

Saúl debió haber sufrido angustia, rabia, soledad, depresión, ansiedad, temor y todos sus derivados combinados, estos estados de ánimo atormentaban su alma de una manera preocupante. Los funcionarios del reino y los amigos más cercanos del rey, buscaron la forma de atender su situación.

«Entonces un siervo le dijo a Saúl: Uno de los hijos de Isaí de Belén tiene mucho talento para tocar el arpa. No sólo eso, es un guerrero valiente, un hombre de guerra y de buen juicio. También es un joven bien parecido y el Señor está con él» 1 Samuel 16:18.

La primera característica que buscaban era la de un buen músico. «Busquemos a un buen músico para que toque el arpa cada vez que el espíritu atormentador te aflija. Tocará música relajante y dentro de poco estarás bien» (1 Samuel 16:16), y fue así como un siervo que sin duda, conocía de música y sabía quién era David; expuso ante el rey las virtudes de este joven músico.

En lo personal, me atrevo a decir que en nuestras iglesias, pocos músicos y cantantes tienen el tipo de perfil que David tenía en sus años mozos. Un porcentaje de nuestros músicos y cantantes gozan de otro tipo de fama: soberbia, ignorancia de las Escrituras. David, el hijo menor de Isaí, pastor de ovejas, músico hábil en instrumentos de cuerdas, compositor, guerrero, todo un cúmulo de virtudes en una sola persona, pero la característica más sobresaliente, enfatizada por el siervo del rey Saúl, era que el Señor estaba con él.

El joven músico, fue solicitado por el rey Saúl, con un propósito específico, tocar buena música. Imagínense lo orgulloso que debieron estar los habitantes de Belén cuando se corrió la noticia. Del pequeño pueblo de Belén a la misma corte del rey. La vida de David dio un giro de 180 grados.

«Entonces Saúl mandó mensajeros a Isaí para decirle: Envíame a tu hijo David, el pastor. Isaí hizo caso y envió a su hijo David a Saúl, junto con un cabrito, un burro cargado de pan y un cuero lleno de vino. Así que David llegó a donde Saúl y quedó a sus servicios. Saúl llegó a apreciar mucho a David, y el joven se convirtió en su escudero. Luego Saúl mandó un recado a Isaí con una petición: por favor permíteme que David quede a mi servicio, porque me simpatiza mucho. Y cada vez que el espíritu atormentador de parte de Dios afligía a Saúl, David tocaba el arpa. Entonces Saúl se sentía mejor, y el espíritu atormentador se iba» (1 Samuel 16: 19-23).

David no era sólo un ejecutante excepcional para cumplir a cabalidad con su contratación. Al tocar frente a Saúl, su ejecución era un bálsamo para el alma atormentada del rey.

La música puede hacer eso y más por una persona angustiada, lo he experimentado en mi vida, así como, estoy seguro de que también sucede en las de los demás. No pocas veces una bella melodía, tocada de manera magistral, ha aquietado mi alma, lo reitero, la influencia y el poder de la música como instrumento de transformación es increíble. David no sólo era un excelente músico y compositor, como leemos en muchos de sus Salmos. Tenía cualidades descritas párrafos arriba, las cuales muchos deberíamos anhelar.

Admiro a muchos músicos amigos quienes son increíblemente talentosos en su forma de tocar; en verdad, es un deleite para mi espíritu escucharlos, pero, sin necesidad de lisonjas, lo más impresionante de algunos de ellos, es su sencillez y humildad la que reconozco y honro. Hace pocos años visité El Salvador, Centroamérica, y llegué a una iglesia, en ella, vi a un jovencito sentado en el teclado antes de principiar la reunión. Me atrajo su manera tan bella de tocar, tal vez tendría unos dieciocho años, si acaso. Subí a la plataforma, le comenté si me podía acompañar en uno o dos cánticos. Quedé maravillado de cómo sin conocerlos, al abrir mi boca e intentar un pequeño ensayo, me siguió en automático.

Los propósitos de Dios para nuestras vidas son increíblemente maravillosos. Conozco historias reales y comunes de individuos ordinarios a los cuales Dios eligió para hacer obras extraordinarias, desde el principio de la raza humana hasta nuestros tiempos en el área de la música y el canto. He visto a jovencitos quienes a muy tierna edad tocaban de una manera "sobrenatural". Conviví con uno de ellos desde su tierna infancia. La batería fue su primer instrumento, después la guitarra, el bajo, el teclado e impresionaba a propios y extraños; llegó a Durango a sus recién cumplidos 18 años desde

Hermosillo, Sonora como bajista de un cantante muy reconocido en México en aquellos años noventa, después fue director de los músicos y productor de este personaje.

No quiero pasar por alto lo que la mayoría de nosotros sabemos. La música produce un sinfín de estados de ánimo, como euforia, melancolía o inclusive sentimientos de profunda nostalgia. Por otro lado, podemos observar a dos jóvenes que marcaron a su generación, lastimosamente de una forma contradictoria, algunos podrían decir que hasta negativa, fueron Janis Joplin, en los sesenta y Kurt Cobain en los noventa, ambos grandes exponentes que dejaron huella y que se despidieron de este mundo de una forma trágica, dejando un legado en su música, la cual, los catapultó al estrellato, pero también truncó sus vidas... y, en vez de paz y alegría, les produjo pesar, soledad y angustia. En contraste, las melodías ejecutadas por David tenían el poder de ahuyentar al espíritu que trastornaba al rey Saúl, pues su talento, lograba tocar el alma en lo más profundo, dando consuelo y paz a través de ella; una semejante liberación que no la pudieron experimentar ni Jim Morrison o Jimmy Hendrix y una larga lista de músicos y compositores del ambiente secular. No me alegro de la muerte de estos jóvenes tan talentosos. El grupo The Doors que Morrison fundó es uno de mis favoritos y si leyéramos un poco de su biografía nos encontraríamos con dos rostros de este cantante, compositor, poeta y filósofo, por un lado, sus talentos y aptitudes sobresalientes, pero por otro, un alma atormentada.

Desde mi adolescencia, he preferido la música que me despierta alegría y esperanza, sobre todo al cantarla, inclusive plasmé algunas de ellas en mis producciones musicales. Podría enumerar una lista bastante larga de ellas, pero sólo mencionaré unas pocas: Abre tu corazón, Alaba a Dios, Fe, Canción por la paz, Amigo, Rey de gloria, A él sea la gloria, Aleluya, Tus pisadas, Yo creo en ti. He interpretado canciones de reflexión profunda, pero prefiero canciones y melodías que produzcan confort a mi alma, y al corazón que las escuchan. No me mal entienda, aún los mismos Salmos contienen letras que representan clamores de sus escritores, expresados como cánticos y oraciones. Uno de ellos, es el Salmo 51, que describe el arrepentimiento y la confesión desgarradora por el pecado del propio rey David.

«Ten misericordia de mí, oh Dios, debido a tu amor inagotable; a causa de tu gran compasión, borra la mancha de mis pecados. Lávame de la culpa hasta que quede limpio y purifícame de mis pecados. Pues reconozco mis rebeliones; día y noche me persiguen. Contra ti y sólo contra ti he pecado; he hecho lo que es malo ante tus ojos. Quedará demostrado que tienes razón en lo que dices y que tu juicio contra mí es justo. Pues soy pecador de nacimiento, así es, desde el momento en que me concibió mi madre. Pero tú deseas honradez desde el vientre y aun allí me enseñas sabiduría. Purifícame de mis pecados, y quedaré limpio; lávame y quedaré más blanco que la nieve. Devuélveme la alegría; deja que me goce ahora que me has quebrantado. No sigas mirando mis pecados; quita la mancha de mi culpa. Crea en mí, oh Dios, un corazón limpio y renueva un espíritu fiel dentro de mí. No me expulses de tu presencia y no me quites tu Espíritu Santo» (Salmos 51:1-4).

Siguiendo el mismo orden de ideas, me pregunto, ¿Qué género de música prefiere Dios? El dicho popular lo dice muy bien: "en gustos se rompen géneros", y como resultado de los gustos, los estilos son amplios. Cinco continentes y en ellos una diversidad abrumadora de estilos y géneros musicales; cada región le añade su propio toque, características por demás bellas y únicas. Leamos cómo lo dice el salmista:

> «¡Alabado sea el señor! Alaben a Dios en su santuario; ¡alábenlo en su poderoso cielo! Alábenlo por sus obras poderosas; ¡alaben su grandeza sin igual! Alábenlo con un fuerte toque del cuerno de carnero; ¡alábenlo con lira y el arpa! Alábenlo con panderetas y danzas; ¡alábenlo con instrumentos de cuerda y con flautas! Alábenlo con el sonido de los címbalos; alábenlo con címbalos fuertes y resonantes. ¡Que todo lo que respire cante alabanzas al Señor! ¡Alabado sea el Señor!» (Salmos 150:1-6).

Este Salmo describe en estos versos, una buena cantidad de instrumentos para producir un sin fin de géneros musicales; con los cuales, el músico puede aplicar su propio estilo. Pensar en las distintas formas de adorar de otros lugares, como Centro y Sudamérica por poner un ejemplo, me pone reflexivo ¿Tendrá Dios un estilo de música de su muy particular preferencia? Nuestro vasto país México, desde el norte, sur, este y oeste, presume una fabulosa variedad de géneros y estilos musicales, comenzando con la música regional propia de cada estado de la República; sin negar, los estilos importados de otros países, que hacen una mezcla variada y maravillosa de sonidos.

La verdad sigo siendo un conservador y me deleito más con los himnos tradicionales, sin dejar de lado la música contemporánea, pues fui formado con himnos que me permitían deleitarme en mis tiempos de adoración. Uno de mis sueños guajiros, que espero cumplir cuando llegue al cielo, es cantar con Elvis Presley algunos de los himnos góspel que le gustaban entonar en sus conciertos. "Cuán grande es Él", "Me ha tocado", "Si no es su amor", "Gloria, gloria aleluya", entre otra gran cantidad de himnos, eran los que Elvis interpretaba en los escenarios que se presentaba al fin de su vida. Hace unos años le preguntaron a su única hija, Mary Presley, en una entrevista -¿Si tu padre viviera, que crees que cantaría?- Ella respondió -La música góspel era su favorita-.

El avivamiento de la calle Azuza, lugar donde nació el movimiento pentecostés, trajo como resultado una nueva variante a las usadas por las iglesias fundamentalistas. Esta variante provocó un giro inesperado, aprobado por algunas denominaciones y rechazado completamente por otras. La corriente de pensamiento carismático hizo lo suyo a finales de los setenta y principios de los ochenta; y la situación se volvió más que tensa: cómo olvidar esos años de controversia. Si le damos una revisada leve al ritmo que estos movimientos contemporáneos prefieren, observaremos el rock y el pop como sus bases principales y, en esta variedad tan inmensa de unos setenta años hasta hoy.

Crecí en un movimiento pentecostés conservador, y, aunque la iglesia en la cual me congregué no era tan extremista, había inercia. Recuerdo haber oído decir: "la música, utilizada en los modernos tiempos de adoración, es música del mundo". Algunos nuevos cristianos externaban su inconformidad por las melodías y ritmos parecidos a los de las fiestas paganas, las cuales, según ellos, movían a la gente a la carnalidad y a una vida mundana. No por pocos años el gran debate fue sustituir o cambiar los tradicionales himnarios por cánticos nuevos y se introdujeron instrumentos electrónicos, como los grupos que estaban de moda. En ese tiempo llegué a escuchar disparates relacionado al asunto de los estilos contemporáneos de adoración, inclusive en ocasiones llegué a debatir y no fue nada agradable.

Mi padre nació en Tepic, Nayarit, creció y se desarrolló en la Ciudad de México, fue maestro de profesión, con una mentalidad abierta. Lo recuerdo como un hombre de casi cuarenta años de edad, cuando yo era sólo un adolescente y todo esos nuevos ritmos de música empezaron en la iglesia y él lo tomó como venía, pues no recuerdo haberle escuchado decir que cierto estilo de música era mundano o del diablo, de hecho, nuestro padre, Francisco Espinosa Jiménez, a mi hermano Luis Enrique y a mí, nos apoyó al cien por ciento en relación con el asunto de cantar, estudiar música y participar regularmente cantando en nuestra iglesia.

En una de mis visitas a la Ciudad de México, a principios de los años noventa, fui invitado a una congregación llamada Adriel y entre sus múltiples atenciones, me regalaron un libro titulado "Dejad de apretarme el cuello", escrito por David Wilkerson a principios de la década setenta, cuando el movimiento Hippie estaba dando un giro a la forma de vivir en sociedad, como la moda, sexualidad y la música, entre otras cosas. El libro se me hizo muy innovador.

Como lo he venido compartiendo a través de cada línea, en mi adolescencia estuve involucrado en un coro de niños, después me integré a un grupo musical, y más adelante incursioné como solista en la iglesia local. A mediados de mis años veinte, en medio de esta convulsión generacional dentro y fuera de la iglesia, fue cuando el libro, referido en el párrafo anterior llegó a mis manos y entendí mucho de lo que el "nuevo ritmo" estaba provocando. Este movimiento parió –en los años ochenta y noventa– arrojando las bases para las nuevas formas de adoración en muchas iglesias de línea pentecostés y carismática. En dicho libro venían dos artículos que fueron un ¡ábrete, sésamo!, en la línea de los estilos de música. Uno de ellos titulado "Moisés y los festivales musicales", el otro, "La revolución de Jesús".

Esa generación de los años sesenta, setenta y también la actual necesitan la misma comprensión en cuanto a sus gustos musicales: amor, paciencia, consideración y mucha misericordia. David Wilkerson, en uno de los capítulos de su libro, escribió: "Juzgamos a la generación joven con dureza por su comportamiento y por sus fracasos, pero ¡Cuán pocas veces vemos en ella el reflejo de nuestro propio pecado y de nuestros propios defectos! Somos culpables de agarrar por el cuello a la juventud rebelde, exigiéndole que acepte y se conforme a nuestras ideas de cómo vestir, qué música escuchar y cómo se debe actuar".

Yo me enfocaría en cuestionar ¿Qué música se debe tocar y escuchar en las reuniones de adoración? ¿Las Escrituras son un patrón infalible para entender y poder utilizar los estilos y ritmos que Dios prefiere, o sea, todos los existentes desde siglos atrás y "los nuevos"?

A principios de los años noventa, me encontré un libro titulado "El grito del averno", escrito por Ricardo Sansano, – ¡Ay mamacita! - decía el comediante mexicano Resortes–. Hace una crítica bastante radical, principalmente a la música Rock y escribe: "se ha definido a la música rock como ruido y no como música". Dos de sus capítulos: Música infernal y música rock y Sexo desviado, entre otros trabajados con el mismo estilo, me dejaron literalmente en estado "catatónico", perdonen, exageré un poco, pero sí me sacaron de onda. Conforme me adentraba más en la lectura de sus capítulos, era ir de sorpresa tras sorpresa. Según este escritor, debo añadir -muy bien documentado de cómo conceptualizaba la música rock-, pero, por otro lado, sus vítores a la música clásica eran todo lo contrario. Él dice: "La música clásica es la música de mayor calidad, la que permanece y enriquece el patrimonio cultural de un pueblo o país". ¡Me quedé de a seis! El escritor hace referencia varias veces al rock como leerás aquí de nuevo: "La música rock es excitante y sensual, ensordecedora, feroz, infernal y destructiva de todos los valores positivos y humanos. Su director, Satanás".

Fui lector de varios libros de David Wilkerson y a principio de los ochenta me encontré con otro libro relacionado con la música Rock –escrito también por él– titulado "Pon a tu boca trompeta", una obra descrita por la editorial como un "libro profético" ¡Ay carambolas!, pensé yo. El capítulo cuatro llamado "La música de los demonios en la casa de Dios" dice: "¿Cómo pueden, aquellos que se llaman a sí mismos cristianos santos, tomar carbones de los altares personales de Satanás y traerlos a la presencia de Dios, para ponerlos en su altar? Los ángeles se estarán preguntando ¿estarán tan ciegos? ¿Acaso no saben que están ofreciendo fuego extraño con carbones extraños? ¡Hay fuego del infierno en cada carbón! ¡Hay maldición en eso!". Desde la primera página hasta la última, el pastor Wilkerson hace una defensa bíblica, según él, de cómo la música del mundo es una abominación en el altar de Dios ¿Qué le pasó al escritor? ¿Por qué un cambio tan radical?; desde mi perspectiva fue una postura teológica difícil de comprender.

Al leer este tipo de textos y otros similares, me dedicaba a reflexionar en aquellos tiempos y lo hacía con mucha honestidad, respecto a cuál debería ser mi postura. Cómo estos escritores estudiosos, conocedores, hombres con un espíritu correcto, experimentados, podían hacer comentarios denigrando ciertos estilos de música usados en los programas litúrgicos de adoración. Algunas veces pensé si quizá yo era una persona carnal e ignorante y ellos estaban en lo correcto ¿Qué sí creo en la sinceridad de sus apreciaciones? Claro que sí, pero con un sesgo personal debido al entorno en el cual se desenvolvían. No sólo a mí, sino a miles de sus lectores nos pusieron en polos opuestos por sus interpretaciones. Me resistí a creer que ellos estuvieran en lo correcto. Mi razón, mi lógica, mis decenas de lecturas, lo estudiado en las Escrituras; el hecho de moverme desde mi niñez en el área del canto y la música, me impedía aceptar completamente sus posturas doctrinales. Cierto, yo no tenía ni tengo la razón absoluta en cuanto a los estilos de música, pero me era inaceptable apoyar del todo las opiniones de ellos.

A principios de 1990 leí otro libro "¿Ángel de luz o luz en las tinieblas?" de Junior Zapata, un escritor en ciernes y conferencista; éste tenía, según mi punto de vista, una apreciación más sana y correcta en cuanto a la música en la adoración. Por fin, me había topado con un escritor que reflexionaba de una forma diferente a la tradicional. En uno de los párrafos de su libro leemos: "El nombre más adecuado para lo que hoy llamamos Rock Cristiano tal vez debería ser, música cristiana contemporánea, ya que es música con letra cristiana acompañada de instrumentos modernos en sus diferentes géneros". En esos años andaba en la búsqueda constante de fortalecer de manera objetiva la premisa de que la música que yo escuchaba y cantaba, no era ofensiva a Dios ni a los cristianos.

«Por lo tanto, procuremos que haya armonía en la iglesia y tratemos de edificarnos los unos a los otros. No destruyas la obra de Dios a causa de lo que comes. Recuerda que todos los alimentos están permitidos; lo malo es comer algo que haga tropezar a otro. Es mejor no comer carne, ni beber vino ni hacer ninguna otra cosa que pudiera causar tropiezo a otro creyente. Tal vez crees que no hay nada malo en lo que haces, pero mantenlo entre tú y Dios. Benditos los que no se sienten culpables por hacer algo que han decidido que es correcto» (Romanos 14: 19-22).

¿Leyeron bien el consejo de Pablo?
"Benditos los que no se sienten culpables por hacer algo que han decidido que es correcto"

Nunca me he permitido aceptar las cosas tal como me las enseñan, siempre me ha gustado analizarlas y reflexionarlas; así que, en cuanto a lo correcto e incorrecto de cierto tipo de música apliqué la misma postura y lo sigo haciendo. Créanme, hubo años un tanto difíciles de esta transición, puesto que tenía relación con liderazgos de varios niveles, quienes pensaban que la "música del mundo" era enemiga de Dios y era común escuchar desde el púlpito aquel pasaje bíblico: "No améis el mundo, ni las cosas que están en el mundo". Esos versículos y otros me hacían retorcer mis entrañas. Fue a finales de los ochenta y principios de los noventa que mi postura estaba casi definida. Comencé a defender mis argumentos, empecé a vivir con mis nuevas convicciones.

Permítame hacer una remembranza. Cuando era un jovenzuelo asistí a un evento para músicos y cantantes –en Magdalena, Sonora– organizado por el cantante Manuel Bonilla. Todo lo enseñado era, por supuesto, relacionado con la música y el canto dentro de las iglesias. La hija del coordinador, muy jovencita, por cierto; nos dio la primera charla con vasta información sobre la música con mensaje subliminal. Produjo en mí confusión y resignación. En medio de todo lo que escuché, al llegar a Hermosillo, con un dolor profundo en mi corazón, decidí hacer añicos algunos "longplay", específicamente los que tenían según lo que nos habían enseñado, mensajes satánicos, porque, aunque no muy convencido de la información dada, destruí producciones de Queen, Eagle, Air Supply, Kansas y otros grupos que me placía escuchar. Definitivamente hay música secular y la vida de algunos de sus intérpretes no son recomendables, pero igual, debo reconocer que mucha es de una excelente calidad y con mensajes buenos.

La reforma protestante de Martín Lutero trascendió, porque entre otras cosas importantes, él usó música diferente a la tradicional por la iglesia católica; hasta hoy final del año 2022, el dilema de los estilos de música, sigue siendo un tema controvertido y difícil de resolver.

El creador de cielo, mar y la tierra, recibe honra y reconocimiento con un sinfín de sonidos. El salmista escribió un poema excelso:

«Que toda cosa creada alabe al Señor, pues él dio la orden y todo cobró vida. Puso todo lo creado en su lugar por siempre y para siempre. Su decreto jamás será revocado. Alaben al Señor desde la tierra, ustedes criaturas de las profundidades del océano, el fuego, el granizo, la nieve y las nubes, el viento y el clima que le obedecen, ustedes las montañas y todas las colinas, los árboles frutales y los cedros, los animales salvajes y todo el ganado, los animales pequeños que corren por el suelo y las aves» (Salmos 148: 5-10).

Reflexión
final

Reflexión final

Martin Lutero provocó la reforma protestante alentándola a través de los himnos congregacionales. Un cardenal de sus tiempos dijo: "con sus cantos nos ha vencido".

Juan Calvino declaró: "Lo artístico es impartido por Dios indiscriminadamente a creyentes e incrédulos. La música debe considerarse como la más elevada de las bellas artes, como las que más y mejor que cualquier otra, ministra el bienestar humano".

Jimmy Hendrix, al igual que Bob Dylan, retomaron las raíces de su cultura musical y las utilizaron para hacer poemas que fueron canciones que influyeron en toda una generación. Hendrix asimiló toda la cultura blusera y los cantos religiosos de la comunidad afroamericana.

El movimiento de Jesús a finales de la década de los sesenta, se gestó cuando los hippies llegaron a formar parte de una revolución en la cultura norteamericana y dentro de muchas iglesias. Fue un tiempo en el cual, la música, la poesía y la libre expresión a favor de Jesucristo fueron los causantes de que toda una generación se volviera hacia Dios. Dicho movimiento fusionó la música rock con el mensaje del evangelio, creando lo que hoy en día conocemos como música cristiana contemporánea. Kevin Max.

Made in the USA
Columbia, SC
25 September 2022

67606385R00119